COLLECTION
FOLIO/THÉÂTRE

Roger Vitrac

Victor

ou
les enfants
au pouvoir

Édition présentée, établie et annotée
par Marie-Claude Hubert
Professeur à l'Université de Provence

Gallimard

PRÉFACE

Étrange destin que celui de Victor ou les enfants au pouvoir, *pièce subversive, tant par la hardiesse de son sujet que par la modernité de sa forme, qui, longtemps victime de l'incompréhension d'un public dérouté, a fini par devenir un classique du répertoire, éclipsant toutes les autres œuvres de l'artiste. Roger Vitrac n'est pourtant pas l'homme d'un seul livre. C'est par la poésie qu'il entre en littérature, expérience dont son écriture portera toujours le sceau. Influencé tout jeune par le symbolisme, il écrit, dès 1919, un premier recueil,* Le Faune noir. *Le voilà ensuite rapidement fasciné par le dadaïsme, et entraîné par l'aventure surréaliste, rencontres fécondes qui marquent profondément les trois brillants recueils qu'il donne alors,* La Lanterne noire, *composé en 1925,* Cruautés de la nuit *(1927) et* Humoristiques *(1927), réunis, beaucoup plus tard (1964), sous le titre de* Dés-Lyre, *ainsi que son essai narratif, teinté de lyrisme,* Connaissance de la mort *(1926). Écrites avant* Victor, *ses trois premières pièces de théâtre,* Le Peintre *(1922),* Entrée libre *(1922),* Les Mystères de l'Amour *(1924) sont, elles aussi, de facture résolument surréaliste.* Victor, *en 1927, tout en conservant l'esprit surréaliste des œuvres précédentes, ouvre un autre cycle de pièces pour lequel Vitrac puise abondamment dans ses souvenirs autobiographiques et dans lequel il dénonce, avec une sorte de rage anarchisante, les travers de la société bourgeoise de l'entre-deux-guerres, puis de l'immédiat après-guerre.* Victor *sera suivi du* Coup de Trafalgar *(1930) et du* Sabre de mon père *(1950). Viendra plus tard une troisième série de pièces, de facture plus classique même si elles baignent elles aussi dans l'onirisme, que Vitrac avait l'intention de réunir sous le titre de «La vie comme elle est». Il s'agit des* Demoiselles du large *(1933), du* Camelot *(1936), de* La Bagarre *(1938), du* Loup-garou *(1934), et du* Condamné *(pièce commencée en 1945 et achevée par Vitrac peu de temps avant sa mort, en 1951).*

Dotée d'une éternelle jeunesse, l'œuvre provocatrice de Vitrac, qui se déploie sur plus de trente ans, témoigne à tout instant, malgré son évolution, d'une grande force poétique et d'un goût marqué pour le canular, utilisé comme ferment de contestation, comme détonateur au service d'une satire sociale au vitriol.

VITRAC ET LE SURRÉALISME

Victor ou les enfants au pouvoir *est considéré, à juste titre, comme le chef-d'œuvre du théâtre surréaliste. Héritier d'Apollinaire et de Jarry dont il se réclame, Vitrac, très marqué par Breton, même s'il n'a fait partie que peu de temps du groupe surréaliste, a été constamment en quête de «surréalité».*

Dans le sillage de Jarry et d'Apollinaire

Fasciné par tous ceux qui ont porté au grand jour la cruauté qui règne au sein de l'imaginaire, de Gilles de Rais à Raymond Roussel, en passant par Sade et Arthur

Rimbaud, Vitrac témoigne d'une vive admiration pour Alfred Jarry. La critique ne s'y est pas trompée qui situe aussitôt Victor ou les enfants au pouvoir *dans la mouvance d'*Ubu roi *(pièce créée en 1896). Le journaliste Nozière, dans* L'Avenir *(30 décembre 1928), écrit : «Victor peut soutenir la comparaison avec* Impressions d'Afrique[1]. *Et c'est bien après tout, la suite d'*Ubu roi. *Si* Ubu roi *est un chef-d'œuvre comme certains ne cessent de le proclamer, pourquoi ne pas considérer comme un chef-d'œuvre le théâtre de M. Raymond Roussel et aussi* Victor ou les enfants au pouvoir *!»*

Vitrac publie, à l'occasion de l'anniversaire de la mort de Jarry, dans le Journal du peuple *du 3 novembre 1923, un article d'hommage intitulé «Mort d'Alfred Jarry». C'est encore sous le signe de Jarry qu'il place sa première pièce jouée, citant, en exergue des* Mystères de l'Amour, *une phrase extraite de* L'Amour absolu : *«Les femmes qui nous aiment rénovent le vrai sabbat.» Ce roman, qui n'a été tiré qu'à cinquante exemplaires réservés aux souscripteurs, en mai 1899, et qui ne sera publié qu'en 1933, n'est pourtant connu alors que de rares lecteurs privilégiés. C'est également dans la lignée de ce roman, profondément blasphématoire, qui tourne en dérision le mystère de la naissance du Christ et de la virginité de Marie, qu'il situe* Victor, *ouvrant la pièce par ces mots où l'enfant parodie l'une des phrases célèbres du «Je vous salue, Marie...» en ces termes : «Et le fruit de votre entaille est béni».*

Vitrac montre le même enthousiasme pour l'œuvre d'Apollinaire, à qui il fait deux allusions voilées dans Victor, *situant l'action du drame le 12 septembre, «qui est la Saint-Léonce» si l'on en croit* Victor, *la Saint-Apollinaire si l'on s'en tient au calendrier, et donnant à son héroïne*

---

1. De Raymond Roussel (1910).

Thérèse le prénom de la protagoniste des Mamelles de Tirésias, *prénom qu'il attribuera à nouveau, dix ans plus tard, à l'une des héroïnes de* La Bagarre. *Trop jeune pour avoir connu le poète, Vitrac lui dédie un article d'hommage, pour commémorer le cinquième anniversaire de sa mort, intitulé « Le Théâtre de Guillaume Apollinaire »* (Comœdia, *3 novembre 1923) dans lequel il se montre fasciné par la modernité des* Mamelles de Tirésias, *pièce créée en 1917, un an avant la mort de l'auteur. Déplorant la médiocrité des pièces produites depuis lors, il écrit : « On ne trouve aucune nouvelle création. Les* Mamelles *ouvraient des portes à ceux qui les ont refermées. » Quand il réédite, en 1948, dans le deuxième tome de son* Théâtre, *l'une de ses premières pièces,* Les Mystères de l'Amour, *écrite en 1924 et créée en 1927, un an avant* Victor, *il s'excuse de sa hardiesse car, dit-il, dans la* Note *inaugurale qu'il ajoute alors, « elle paraîtra, au lecteur non averti, bien différente de celles qui ont suivi », mais il se retranche derrière l'autorité d'Apollinaire, déclarant : « En tout cas, Guillaume Apollinaire disait qu'il faut tout publier. » En avril 1940, il prononce une conférence intitulée « Actualité de Guillaume Apollinaire » (publiée à la même date dans les* Cahiers du Sud, *avril 1940), au cours de laquelle il réitère son admiration pour cette dramaturgie nouvelle prônée par l'auteur des* Mamelles *dans son* Prologue *qui fut, avant l'heure, le manifeste du théâtre surréaliste. Partisan d'un drame hétérogène, à l'image de la vie qui ne se déroule jamais selon un ordre logique, Apollinaire refuse que l'enchaînement des différentes parties de l'action soit régi selon le principe de causalité et opte pour un mélange constant des tons, que les romantiques se fixaient comme objectif sans avoir réussi à l'atteindre. Vitrac y trouve formulés les fondements du théâtre dont il rêve. Comme Apollinaire, il met en scène dans* Victor *un personnage délibérément faux. Pas plus que Thérèse qui se métamorphose en homme dans* Les Mamelles de Tirésias, *Victor, enfant de neuf ans qui mesure deux mètres, n'a d'équivalent dans la réalité. Avec le théâtre surréaliste naît une forme d'illusion nouvelle. Au lieu d'imposer comme vrai ce qui est représenté, la scène, dans un premier temps, donne au spectateur le sentiment que le spectacle qui s'y joue n'est qu'un énorme canular. Aussi le public de l'époque, choqué dans ses habitudes, bouda-t-il la pièce.*

Les liens avec le surréalisme

Vitrac fait partie du groupe surréaliste dès sa création. Dans Le Journal du peuple, *hebdomadaire auquel il collabore en 1923, il déclare, avec force conviction, qu'il partage «presque absolument [l]es idées» d'André Breton. En retour, Aragon, dans la revue* Commerce *(n⁰ 2, automne 1924), lui rend hommage en ces termes : «La magie n'a point de secret pour Roger Vitrac qui prépare un Théâtre de l'Incendie où l'on meurt comme dans un bois.» (C'est sous le titre de* Théâtre de l'Incendie *que Vitrac pensait regrouper ses premières œuvres pour la scène, dont* Victor.) *Vitrac se charge de préparer, avec Paul Éluard et Jacques-André Boiffard, le premier numéro de* La Révolution surréaliste, *revue mensuelle. Breton, dans le premier* Manifeste du surréalisme[1] *en 1924, le reconnaît officiellement parmi les siens, déclarant :*

Ont fait acte de SURRÉALISME ABSOLU MM. Aragon, Baron, Boiffard, Breton, Carrive, Crevel, Delteil, Desnos, Eluard, Gérard, Limbour, Malkine, Morise, Naville, Noll, Péret, Picon, Soupault, Vitrac.

Ce semblent bien être, jusqu'à présent, les seuls, et il n'y aurait pas à s'y tromper, n'était le cas pas-

---

1. Jean-Jacques Pauvert, 1962.

sionnant d'Isidore Ducasse, sur lequel je manque de données.

Vitrac, de son côté, ne cache pas sa fierté à faire partie des intimes de Breton, écrivant dans Le Journal du peuple *du 5 janvier 1924, dans un article intitulé «André Breton» : «Je suis parmi les amis d'André Breton en fonction de la confiance qu'il me porte. Mais ce n'est pas une confiance. Personne ne l'a. C'est une grâce. Je vous la souhaite. C'est la grâce que je vous souhaite.»*
L'entente n'est que de courte durée, puisque, dès 1925, Vitrac est mis à l'écart par Breton du groupe surréaliste duquel il sera officiellement exclu (après une tentative de rapprochement), en décembre 1929. Vitrac n'a jamais caché son immense passion pour le théâtre : «Il aimait la poésie, mais sur scène», aux dires mêmes de Philippe Soupault. C'est certainement une des raisons de la rupture avec Breton qui n'appréciait pas beaucoup cet art. C'est ce que suggère Jacques Baron, qui déclare : «Seul Vitrac s'est réservé la part théâtrale. C'était déjà se situer un peu à côté. Et quand on est un peu à côté avec Breton, on est tout à fait en dehors.» Dans le Second manifeste du surréalisme[1], *en 1929, Breton se montre très insultant à son égard, comme envers tous ceux que, dans son sectarisme, il considère comme des transfuges, le traitant de «véritable souillon des idées», de «pauvre hère». «Abandonnons-leur, déclare-t-il, la "poésie pure", à lui et à cet autre cancrelat, l'abbé Bremond.» Vitrac, avec tous ceux qui n'ont plus l'heur de plaire à Breton, notamment Robert Desnos, Georges Ribemont-Dessaignes, Georges Limbour, Jacques Baron, riposte dans un virulent pamphlet,* Un cadavre, *dans lequel lui-même écrit, à propos de Breton : «Quant à ses idées, je ne crois pas que personne les ait jamais prises au sérieux, sauf quelques cri-*

---

1. Jean-Jacques Pauvert, 1962.

tiques complaisants qu'il flagornait, quelques potaches sur
le retour et quelques femmes en couches en mal de monstres. »

Malgré la brièveté de son appartenance au groupe surréaliste, Vitrac ne cesse, dans son œuvre, d'explorer les
arcanes de l'inconscient, à la manière de Breton. Aussi
mène-t-il un procès permanent à l'égard du langage qu'il
entend révolutionner, comme il l'explique lui-même dans
« Le Langage à part », article qu'il publie dans Transi-
tion (n° 18, novembre 1929), et se montre-t-il fasciné par
la kabbale qui prétend retrouver le sens originel de la Bible
par tout un jeu de permutations tant consonantiques que
numériques. Le travail sur le langage auquel il se livre
dans Victor est la parfaite illustration de cette démarche
iconoclaste. La dissertation française de Victor, dont ce dernier prétend livrer, à son entourage qui l'écoute effaré, les
éléments dans le désordre, résonne, aux oreilles du spectateur, comme un poème surréaliste. Au fil de la pièce, les
mots, associés en fonction de récurrences phoniques et non
de la progression sémantique, suscitent, par-delà le burlesque, une sorte de vertige. Ainsi Victor, après avoir
déclaré qu'il a neuf ans, ajoute, à l'intention de la Bonne
qui ne comprend rien à ses propos, qu'il est « décidé à être
quelque chose (…) quelque chose de neuf » (I, 1). Quant à
son père, excédé par le cours que prennent les événements, il
s'écrie : « Qu'a-t-on ? qu'a-t-on ? Caton l'ancien, nom de
Dieu ! » (I, 8).

Comme les surréalistes, Vitrac cherche dans le langage
du rêve un lieu qui soit à la fois un en deçà et un au-delà
du langage, libéré des contraintes de la conscience. Aussi
note-t-il des fragments de rêves, dans certains poèmes comme
au théâtre, dans Entrée libre (1922) notamment, pièce
qui est, selon lui, une transcription directe de rêves. Émi-
nemment précurseur, il annonce par là des auteurs drama-
tiques comme Ionesco ou Adamov qui, à partir des années
cinquante, iront chercher dans leurs rêves des motifs d'ins-

piration. Préférant l'exploration de l'inconscient à toute autre activité de l'esprit, il clame, comme Breton, l'inutilité de la littérature, donnant les conseils suivants dans « Dormir », article qu'il publie dans une revue à laquelle il collabore en 1923, Les Hommes du jour *(28 avril 1923) : « N'allez pas au spectacle. Couchez-vous. » Le spectacle du rêve est, pour lui, plus captivant que tous les autres.*

VICTOR, UN PERSONNAGE MYTHIQUE

« Au-delà des intrigues superficielles, dans un monde où les grands mannequins d'Œdipe, de Clytemnestre, d'Électre, de Phèdre brillent toujours d'un éclat empourpré, subsistent des pierreries ternies de nos destins parallèles. Non loin de notre enfance qui est voisine de la mort, nous retrouverons ces parures liées les unes aux autres comme des chaînes. Elles nous lient encore dans ce théâtre véritable où je sais par quelle crainte nous n'osons jeter les yeux.

» Freud en a tracé quelques lois avec l'épingle sanglante de Jocaste », écrit Vitrac, en 1937, lors d'un de ses voyages en Grèce, dans un article intitulé « Actualité du théâtre grec », témoignant ainsi de l'éternelle fascination que le monde de l'enfance a exercée sur lui. Vivant très proche du fantasme, l'enfant parle d'or. Aussi hante-t-il Vitrac qui le hisse, en 1928, au rang de héros avec Victor, l'enfant précoce, doté d'une cruelle lucidité, personnage qui va très vite incarner un mythe. Le cas est unique dans l'histoire du théâtre où les rôles d'enfants sont rares, pour des raisons techniques évidentes, même à partir du XVIIIe siècle où l'on commence à s'intéresser à l'enfance, grâce à Rousseau. Vitrac, lui, a déjà créé un rôle d'enfant en 1922, dans l'une de ses premières pièces, Le Peintre, *où, comme dans* Victor, *un enfant médusé contemple la terrible comédie que se jouent les adultes et n'obtient jamais de réponse aux*

questions angoissées qu'il pose : « *Tu sauras cela plus tard, mon enfant* », lui dit par deux fois sa mère, pressée de lui imposer silence. Mais il ne lui a attribué qu'un rôle épisodique, tandis qu'il place Victor au centre du drame. Il faut dire qu'entre-temps, il a découvert, au sein du groupe surréaliste, qui vient d'en publier les premières traductions en français, l'œuvre de Freud. Il a pu y mesurer le poids de l'inconscient, l'importance du jeu des identifications aux imagos parentales dans la structuration de la psyché. Aussi place-t-il cette fois-ci l'enfant sur la sellette. La création de ce personnage, grandiose dans son irréalisme, est un coup de génie. C'est lui qui, par son regard iconoclaste, anéantit toutes les valeurs de la société bourgeoise, lui qui, meneur de jeu hors pair, dénonce l'adultère au sein de la famille. Le théâtre a usé et abusé, depuis le XVIIIᵉ siècle surtout, du trio constitué par le mari, la femme et l'amant, mais jamais encore l'adultère n'avait été perçu à travers la souffrance de l'enfant qui « meurt de la Mort », car, grandi trop vite, après une telle découverte, il ne lui est plus possible de trouver une véritable place identitaire. L'intérêt de Vitrac pour la psychanalyse ne faiblira pas, qui le poussera à écrire, en 1945, dans un texte très court, intitulé La Destrudo, demeuré inédit de son vivant et publié posthume par Henri Béhar[1] :

1. L'homme est partagé entre le désir de vivre et la crainte de la mort.

2. L'homme se différencie des autres espèces animales en ce qu'il sait très tôt qu'il est mortel, et que chaque instant de sa vie comporte une menace de mort.

Il est probable que le complexe d'Œdipe chez

---

1. Henri Béhar, *Vitrac, théâtre ouvert sur le rêve*, L'Âge d'Homme, 1993.

l'enfant est étroitement lié à cette révélation. L'enfant est d'abord le jouet inconscient des pulsions alternatives de vie et de mort. Il vit dans un monde, il est ce monde même où coexistent le désir et la crainte. Il vit l'espoir et l'appréhension. Il met un certain temps à se familiariser avec l'idée qu'il mourra un jour, un jour très lointain, non sans avoir eu le secret espoir qu'il serait une exception et qu'il ne mourrait jamais. La demi-certitude d'une mort qu'il ne pourra jamais éviter jointe à la révélation que son père est l'auteur de ses jours qui sont comptés font qu'il se retourne contre ce dernier.

C'est encore et toujours la figure de Victor, l'enfant précoce, le «géant en culottes courtes», selon l'expression d'Anouilh, sur laquelle Vitrac s'interroge.

UNE SATIRE SOCIALE CORROSIVE

C'est avec enthousiasme qu'Artaud met en scène, en 1928, un tel brûlot qui lui apparaît comme le «creuset où vient se recuire et se recomposer une époque». Datée avec précision, la pièce transporte le spectateur en 1909, année où l'anarchisme est assassiné en la personne du Catalan Francisco Ferrer (1859-1909), «dans un monde puant et revanchard qui n'osait pas encore digérer sa défaite», celle de 1870, et qui prépare l'hécatombe de la Grande Guerre. Ce monde, c'est celui que Vitrac a connu dans son enfance et qui n'a pas fondamentalement changé, vingt ans plus tard, lorsqu'il crée la pièce, sauf que la guerre qui vient de se terminer est celle de 14-18 et que se prépare une hécatombe plus terrible encore. Son héros porte en lui toute la colère de la jeune génération surréaliste des années vingt,

*désireuse de faire table rase des valeurs de cette société
d'après-guerre en totale décomposition. Charles Paumelle,
le chef de famille, qui incarne les valeurs bourgeoises, se
présente comme un «bon républicain», un «radical», fier
de ses «ancêtres conventionnels», de ses aïeux qui ont fait
la Révolution de 1848, de son grand-père «communard».
Petit-bourgeois médiocre et ridicule que Vitrac dessine à
grands traits, il se vit comme l'héritier des trois grandes
vagues de fond révolutionnaires, 1789, 1848, 1870, qui
ont fait la France de 1909. L'ironie sous-jacente de Vitrac
est lourde d'amertume qui laisse entendre au spectateur
que les trois mouvements insurrectionnels n'ont en rien
entamé les mentalités conservatrices. La pièce fait preuve
«d'un esprit d'anarchie profonde» qui est, selon Artaud,
«la base de toute poésie». Le public de l'époque, scanda-
lisé par l'antimilitarisme et par l'antipatriotisme dont elle
témoigne, ne s'y trompa guère.*

*L'enfant en révolte dynamite allègrement les fondements
de la morale bourgeoise : famille, patrie, armée. «Cet âge est
sans pitié», s'écrie la Bonne des Paumelle, consternée, la
première fois qu'elle fait les frais des sarcasmes de Victor que
tous avaient pris jusqu'alors pour un «enfant modèle».
L'acuité de son regard révèle l'hypocrisie de la société bourgeoise, préoccupée par la seule conservation du patrimoine.
Émilie Paumelle ferme les yeux sur les frasques de son mari
volage à condition que les apparences soient sauves, mais
ne lui pardonne pas d'être un bon à rien, lui qui doit le
poste qu'il occupe aux relations de son frère, le député, et
son rang dans le monde à la dot qu'elle lui a apportée.
Comme il importe, afin de sauvegarder, sinon d'accroître,
le patrimoine, de s'unir seulement entre familles de même
condition, le Général, ému par la grâce des deux enfants,
suggère de marier Victor et Esther Magneau quand ils
seront grands. Dans un tel milieu, l'héritier mâle fait la
fierté de toute la famille qui se reconnaît en celui qui va*

*perpétuer la lignée et faire fructifier le bien. Victor ne peut
supporter une telle attitude, notamment chez son oncle, le
député. «Quelle manie de me toucher le front et de dire : il
me ressemble», s'écrie-t-il. «Ah! celui-là, c'est bien un Paumelle!» (I, 2).*

Victor n'accepte pas le conformisme rigide de cette société
où les destins sont tracés à l'avance, presque dès la naissance, pour les hommes comme pour les femmes. Charles
Paumelle rêve de faire de son fils un sous-préfet tandis que
le Général le voit en cuirassier. Victor mourra plutôt que de
se plier à une telle règle. Fort de son expérience d'aîné, c'est
avec ironie qu'il tente de prévenir la petite Esther du sort
qui l'attend. «Soigne tes poupées», lui dit-il, «lèche tes
chats, aime ton prochain comme toi-même et sois une enfant
docile, en attendant d'être une épouse et une bonne mère»
(I, 3). Plus jeune que lui, elle ne sait encore rien ni du jeu
social qu'elle ne fait que pressentir, ni des relations d'adultère qui bouleversent les deux familles, ce qui lui arrache
des larmes, quand il la met sur la voie d'une vérité qu'elle
ne soupçonnait pas.

Nul ne peut donc échapper au rôle stéréotypé qui lui est
dévolu dans cet univers où les fonctions sont aussi tranchées qu'au jeu des Sept Familles, comme le remarque Victor
qui, narquois, appelle Esther «Madame Magneau fille».
Aussi Vitrac donne-t-il apparemment à cette pièce qu'il présente comme «un drame bourgeois en trois actes[1]», par
opposition aux Mystères de l'Amour qu'il a qualifié de
«drame surréaliste», la facture du drame bourgeois, théâtre
qui constitue un miroir où la bourgeoisie se plaît à venir se
contempler. Il y utilise tout le matériel boulevardier attendu,
— intrigue fondée sur l'adultère, décor conventionnel : la
salle à manger, le salon, la chambre à coucher — pour le

---

1. C'est ainsi qu'il l'a lui-même qualifiée dans la première édition, en 1929 (Robert Denoël).

subvertir. Par la bouche de Victor, il insiste sur l'aspect sté-
réotypé de ses personnages, pour mieux souligner la dimen-
sion parodique de la pièce :

VICTOR - *(Annonçant)*. Les voilà : L'Enfant Terrible, le Père Indigne, la Bonne Mère, la Femme
Adultère, le Cocu, le vieux Bazaine (I, 3).

On croirait entendre Diderot ou Pixérécourt ! Ce n'est
pas la première fois que Vitrac se moque du mélodrame,
ayant attribué à son héroïne, dans Le Peintre, *l'une des*
répliques les plus célèbres du genre : « Ciel, mon mari ! »

UNE FARCE TRAGIQUE

C'est à un soir d'anniversaire peu ordinaire que le spec-
tateur est convié dans Victor ou les enfants au pouvoir.
Le jour de ses neuf ans, Victor, qui soupçonne son père
d'avoir une liaison avec Thérèse Magneau, la femme d'An-
toine, son meilleur ami, décide de jeter cartes sur table pour
dévoiler l'hypocrite comédie qui se joue quotidiennement
dans le cercle de famille. La mort plane d'emblée en cet
étrange jour de fête. Faisant mine de briser le précieux vase
en cristal de Baccarat, « unique parce qu'il appartient à
un service unique », Victor anticipe sur sa propre mort,
dans ce geste prémonitoire dont il n'entend peut-être pas
lui-même l'exacte prophétie. Épargnant momentanément ce
verre qui est à son image de « fils unique d'une famille qui
se considère comme unique », il diffère symboliquement sa
mort, n'ayant pas encore découvert les secrets de « l'Uni-
quat », c'est-à-dire sa propre énigme, et préfère briser l'un
des deux vases de Sèvres qui dessinent sur la cheminée de
la salle à manger l'image fortement disloquée du couple

parental. *C'est son père qui cassera peu après l'autre vase,
matérialisant, dans la brutalité du geste, l'éclatement irré-
parable du couple. Dès le début du deuxième acte, Victor
annonce lui-même à sa mère sa propre mort, à travers des
paroles sibyllines qui atterrent tous les protagonistes, même
s'ils n'en comprennent pas l'entière portée : « Maman, tu es
enceinte d'un enfant mort. »*

*Malgré cette atmosphère funeste, la pièce, dans sa pre-
mière moitié, multiplie les gags burlesques. Bâtie sur le
modèle de la farce, elle donne à voir une série de mauvais
tours de Victor. Doté d'une exceptionnelle lucidité, cet
enfant, « terriblement intelligent », mène rondement le jeu,
pressé de faire jaillir l'amère vérité, tout au long du premier
acte où il n'épargne personne. Il commence par la Bonne,
qu'il traite de « grue », lui laissant entendre qu'il sait fort
bien qu'elle couche avec son père et qu'il menace d'accuser
d'avoir cassé le précieux vase qu'il a lui-même volontairement brisé sous ses yeux. Cette scène inaugurale se clôt sur
l'annonce des multiples tours à venir, Victor embrassant
Lili en larmes à l'idée qu'elle va être renvoyée. « Va, je ne
t'en veux pas, Lili, lui dit-il, tu ne seras pas inquiétée, je te
le jure (…). Dommage que tu aies payé la première » (I, 1).
Ce n'était là qu'une première passe d'armes car ce n'est pas
à elle que Victor en veut vraiment, ni d'ailleurs à Esther,
sa petite compagne de jeu, sur qui il expérimente, aussitôt
après, son deuxième mauvais tour. S'étant suffisamment
échauffé, il estime qu'il est temps de passer sérieusement à
l'attaque, d'autant qu'il détient enfin les preuves de l'adultère. C'est de son père et de Thérèse qu'il va se jouer, avec
un plaisir manifeste, faisant des allusions précises — qui
les mettent au supplice — à la dernière visite de son père
chez les Magneau, dont il connaît le scénario par le récit
qu'Esther, naïvement, vient de lui faire. Il prend ensuite
pour cible Antoine, le malheureux cocu, chez qui il déclenche
un accès de folie, qui se termine par une crise de larmes col-*

lective. C'est enfin le Général, homme raide et imbu de sa fonction, dont il se moque allègrement, l'enfourchant comme un cheval. Le premier acte se termine sur cette victoire massive de Victor, qui mérite alors bien son nom, et qui jubile, sûr de détenir l'entière vérité. Il a pourtant encore quelque chose à apprendre, qu'il est à mille lieues de soupçonner. Surprenant une conversation entre Charles et Thérèse, il découvre, à travers les propos de Thérèse, qu'Esther est sa demi-sœur: «Et le général qui voulait les marier! C'est à crever de honte! (...) C'est de l'inceste pur et simple», s'exclame-t-elle (II, 2).

Dès lors la tonalité de la pièce change car Victor, surpris par la violence des forces qu'il a mises en branle, devient victime d'un jeu qu'il ne maîtrise plus. Après avoir réglé ses comptes avec les autres, c'est avec lui-même qu'il va devoir le faire. «Je fais pleurer ma mère», s'écrie-t-il, «je rends soucieux le meilleur des pères, j'empoisonne la vie de madame Magneau, je provoque la folie de son malheureux mari, je bafoue l'Armée française. Quant à la Bonne, je lui prête je ne sais quelle complaisance. Jusqu'à Esther, la chère petite, que je mêle à cette affaire immonde. Ah, mais à la fin, qui suis-je?» (II, 4). La farce vire rapidement au drame. Le rire qui triomphe alors, c'est ce «rire absolu» dont parle Artaud, ce «rire qui va de l'immobilité baveuse à la grande secousse des larmes». Les quolibets pervers de Victor témoignent d'une souffrance vive chez l'enfant qui ne supporte ni la mésentente familiale ni la perpétuelle hypocrisie avec laquelle les adultes tentent de conserver leur respectabilité. Il reproche crûment à son père de déserter le lit conjugal: «Après le café, seul le ronflement de la machine à coudre de ma mère», lui dit-il. «Une chemise de nuit piquée de larmes, pour la rentrée de l'époux volage» (II, 2). Son cœur est lourd de haine envers Thérèse qui hante ses cauchemars. Il ne lui mâche pas ses mots, pas plus qu'à son père qui le néglige pour passer le plus clair de ses soirées

*chez elle. « Vous, madame, avec cette légèreté de guipure, et
toi, mon père », leur dit-il, « cette faiblesse d'agneau, quelle
touchante étoile au ciel de mon lit tous les soirs » (II, 2).*

*Les trois irruptions de Victor qui surgit, au dernier acte,
dans la chambre parentale, sans crier gare, comme un
diable qui sort de sa boîte, sous prétexte qu'il n'arrive pas
à dormir, apparaissent à la fois comme une parodie de
« scène primitive », fantasme dont Freud a souligné l'importance, et comme le moyen désespéré pour Victor, lorsqu'il
proclame haut et fort qu'il est le fils de Charles, d'affirmer
son identité, fortement ébranlée depuis la terrible scène où il
a appris qu'Esther est, elle aussi, l'enfant de Charles. Cette
quête d'identité s'avère fatale car il n'y a personne auprès
de l'enfant pour l'aider à franchir le passage de l'adolescence, sauf l'ange de la mort, sous les traits d'Ida Mortemart. Totalement déstabilisé par sa découverte, ce n'est ni
dans la passivité d'une mère geignarde, ni dans l'irrespon-
sabilité d'un père éternellement absent qu'il peut espérer
trouver un appui. Victor, en mourant, entraîne tout son
entourage vers sa perte. Le cocu se pend de désespoir, tandis que ses parents se tuent au pied de son lit de mort.
Quand le rideau tombe, trois cadavres jonchent le sol, tandis qu'un quatrième, en coulisses, se balance au bout d'une
corde. Un tel dénouement est tout aussi sanglant que celui
des tragédies de Sénèque ou des drames élisabéthains. La
pièce illustre, avant l'heure, ce « théâtre de la cruauté »
dont rêve Artaud et dont il va bientôt écrire les deux* Mani-
festes, *le premier en 1932, le second en 1933.*

UNE PIÈCE AUTOBIOGRAPHIQUE

*Même si Vitrac s'est très peu confié, son œuvre est truffée
d'éléments empruntés à sa vie, toujours savamment dissi-
mulés. Il a livré un peu de lui-même dans son premier*

recueil poétique, Le Faune noir *(1919)*, et va s'épancher
plus ouvertement dans Marius, *essai écrit immédiatement
après* Victor *et publié en 1930, sous la forme de deux fragments séparés, dans les revues* Bifur *et* Front *Lorsqu'il
utilise, dans son théâtre, des matériaux autobiographiques,
il en masque l'authenticité derrière le burlesque. Dans* Victor, *resurgissent les souvenirs de sa propre enfance.*

C'est pour introduire, par le rire, une distance avec le
matériel autobiographique lancinant sur lequel la pièce est
bâtie, que Vitrac multiplie les gags dans cette farce aux
accents tragiques. Portant à la scène des relations familiales conflictuelles, semblables à celles qu'il a vécues jadis,
il tente de guérir une plaie non cicatrisée. Selon le témoi-
gnage, rapporté par Henri Béhar, de Kathleen Cannell,
journaliste américaine qui fut la compagne de Vitrac de
1927 à 1934, le père de Vitrac passait son temps à courir
les femmes, à fréquenter les cafés, à jouer de grosses sommes
d'argent et à se disputer avec son épouse dès qu'il rentrait
chez lui : «*Pour retourner à l'enfance, écrit-elle, le père per-
dait au jeu, progressivement, tout ce qu'il possédait lui-
même et toute la dot de sa femme. Il trompait sa femme
continuellement. Naturellement dans le village de Pinsac et
la petite ville de Souillac, cela s'est tout de suite su. Il y
avait des scènes affreuses et même des bagarres, générale-
ment au milieu de la nuit. Alors, la mère obligeait Roger à
se lever et le père à jurer sur la tête de l'enfant qu'il ne
recommencerait jamais. Mais il ne tenait pas longtemps de
telles promesses. Aimant ses parents, et souffrant horrible-
ment pour sa mère, on comprend aisément son martyre, qui
a coloré toute sa vie à lui, et ses amours*[1] » (*Lettre du
17 février 1965*).

Vitrac retranscrit avec brio l'un de ces moments, dans la

---

1. Henri Béhar, *Roger Vitrac, un réprouvé du surréalisme*, Nizet,
1966.

grande scène de réconciliation de l'acte III, où Mme Pau-melle, en pleine nuit, essaie de ramener la paix, faisant jurer aux deux amants infidèles, sur la tête des enfants, de ne plus pécher.

Outre que Vitrac déguise à peine le fait que le prénom de Victor est l'anagramme de son nom, il prête nombre de ses traits à son héros, fils unique comme lui, issu de la moyenne bourgeoisie, âgé de neuf ans en 1909, démesurément grand pour son âge. Une journaliste, Catherine Valogne, raconte, dans La Tribune de Lausanne *(14 octobre 1962), quelle fut sa stupéfaction lorsqu'elle découvrit, avec Anouilh, des photos de Vitrac enfant, que publia ensuite* Paris Match : «Nous eûmes une révélation.* Victor *ou les enfants au pouvoir, c'est l'histoire d'un jeune géant qu'on traite en enfant et qui a une taille et des désirs d'homme. Les photos que nous voyions, où Vitrac dépassait son père et sa mère, étrangement insolites car il était vêtu en garçonnet, nous firent découvrir la vérité :* Victor *serait une pièce autobiographique !»*

Victor, doué d'une imagination débordante, possède, comme son créateur, la veine poétique. En témoigne son prestigieux récit de rêve (I, 2) et le morceau de bravoure où il présente «les éléments en désordre de sa prochaine composition française». De tels passages pourraient fort bien figurer dans une anthologie de poèmes surréalistes. Vitrac attribue également à Victor sa passion précoce pour le théâtre. Le récit émerveillé que fait Victor à Esther de la soi-rée qu'il a passée au théâtre rappelle étrangement celui où Vitrac, dans Marius, *récit autobiographique, évoque la fascination qu'il éprouvait dans son enfance pour le spec-tacle : «Lorsque le Théâtre Provençal s'installait au foirail et présentait ses marionnettes dans les rôles de "l'Enfant prodigue", du "Comte de Monte-Cristo" et de la "Momie errante", j'allais voir ça. Ça me donnait des idées. Le grin-cement des poulies de traction, les trois ou quatre voix qui criaient sous les planches, presque toujours en désaccord avec les gestes de ces acteurs d'artifice qui s'embrassaient si mal, qui tremblaient sur leur base et s'agenouillaient avec un bruit terrible, les flammes de l'acétylène attirant les chauves-souris, et les grands sphinx nocturnes dans un décor architectural, toujours blême et profond où tout était fausses fenêtres, portes fermées, azur, tout cela me donnait à vivre, comme on dit à manger, et il n'est rien de ma mémoire que je n'aie projeté et animé sur la scène du Théâtre Provençal, rien d'important que je n'aie réduit à cette échelle aux limites de ce monde où paralysie et cécité sont les deux dimensions morales*[1]. »

Toute l'œuvre de Vitrac est pétrie avec des matériaux autobiographiques, notamment Le Sabre de mon père, œuvre écrite bien des années plus tard, dont l'action est censée se dérouler à la même époque que celle de Victor, en 1910. Vitrac y met en scène un enfant qu'il dote de son troisième prénom, Simon, et qui jette, comme Victor, un regard douloureux sur la déchéance du père, alcoolique invétéré qui trompe constamment sa femme et se ruine au jeu.

LE CHEF-D'ŒUVRE DU THÉÂTRE SURRÉALISTE

Même si Breton a exclu Vitrac avec pertes et fracas, il n'en reste pas moins que les ouvrages de ce dernier portent la marque de son appartenance au groupe surréaliste. Écrivant Victor, Vitrac pourrait clamer, comme Breton dans le premier Manifeste du surréalisme : « Chère imagination, ce que j'aime surtout en toi, c'est que tu ne pardonnes pas. » Victor, avec ses dialogues en perpétuel porte à faux qui annoncent Ionesco, Tardieu, Dubillard, Audiberti ou

---

1. *Marius*, publié par Rougerie dans *Le Voyage oublié*, 1974.

Pinget, témoigne de cet esprit de canular, hérité de Jarry, que tous les membres du groupe ont inlassablement cultivé. Cette écriture, si âpre dans son onirisme, poussera Romain Weingarten, auteur dramatique néosurréaliste, épris lui aussi d'insolite, à monter, en 1980, une autre pièce de Vitrac, Le Loup-garou.

Témoignent plus profondément encore de l'esprit surréaliste les trois personnages majeurs, les seuls auxquels Vitrac confère de l'épaisseur, l'enfant, le fou et la pétomane. Dotés d'une « inquiétante étrangeté », ils monopolisent le regard du spectateur qui voudrait percer le mystère qui les enveloppe et toujours se dérobe. Eux seuls exercent un ascendant sur les autres et, à un moment donné, mènent le jeu. Simples comparses, Charles et Thérèse Magneau ont pour unique fonction de commettre l'adultère. Quant à Émilie Paumelle et à Esther Magneau, les deux malheureuses victimes, elles n'ont pas droit, dans leur malheur, à une once de pitié. Le premier Manifeste du surréalisme, *écrit à peine trois ans avant* Victor *commence par un triple éloge : éloge de l'imagination que l'on perd trop souvent au sortir de l'enfance, monde où le refoulement n'a pas encore éteint toute créativité; éloge de la folie où l'inconscient déjoue en permanence une censure défaillante; éloge du freudisme qui est venu révéler le langage de l'inconscient. Au début du* Manifeste, *parlant de l'adulte, Breton écrit, en hommage à l'enfance :*

S'il garde toute lucidité, il ne peut que se retourner alors vers son enfance qui, pour massacrée qu'elle ait été par le soin des dresseurs, ne lui en semble pas moins pleine de charmes. Là, l'absence de toute rigueur connue lui laisse la perspective de plusieurs vies menées à la fois; il s'enracine dans cette illusion; il ne veut plus connaître que la facilité momentanée, extrême, de toutes choses. Chaque matin, des enfants partent sans inquiétude. Tout est prêt, les pires conditions matérielles sont excellentes. Les bois sont blancs ou noirs, on ne dormira jamais.

Mais il est vrai qu'on ne saurait aller si loin, il ne s'agit pas seulement de la distance. Les menaces s'accumulent, on cède, on abandonne une part du terrain à conquérir. Cette imagination qui n'admettait pas de bornes, on ne lui permet plus de s'exercer que selon les lois d'une utilité arbitraire; elle est incapable d'assumer longtemps ce rôle inférieur et, aux environs de la vingtième année, préfère, en général, abandonner l'homme à son destin sans lumière[1].

C'est l'enfant, nous l'avons vu, qui est la clef de voûte de la pièce et entraîne dans sa chute tout l'édifice, lorsque lui-même s'effondre.

Antoine, « le maboul », pendant de brefs instants, mène lui aussi le jeu, comme Victor. À l'acte I, son arrivée intempestive, où il laisse entendre, à travers un torrent de paroles, qu'il n'ignore rien de la relation que Charles entretient avec sa femme, trouble la fête. À cet accès maniaque succède immédiatement une crise dépressive, déclenchée par la question de Victor sur Bazaine. Peu après il se livre à une scène de fureur clastique, plantant son couteau au milieu de la table tout en hurlant qu'il est cocu, assimilant, dans l'état de confusion mentale où il se trouve, Bazaine, le traître qui a livré la patrie à l'ennemi, et Charles, le traître qui lui a tout pris, femme et enfant. Après avoir quitté la fête dans un état de surexcitation extrême, il revient au deuxième acte, simulant une fureur jalouse, terrifiant à plaisir sa femme et Charles qu'il menace de tuer, pour fina-

1. Jean-Jacques Pauvert, 1962.

*lement retrouver une bonhomie apparente en prétendant
que ce n'était qu'un jeu. Sa lettre testamentaire enfin, où il
annonce son suicide et reconnaît Charles comme le père
d'Esther (glaçant d'effroi toute l'assistance), précipite le
drame. Par le sinistre legs — digne, dans la dérision, de
ceux de François Villon —, qu'il octroie à Victor, « la mandragore de sa dernière jouissance », il lui assène le coup de
grâce, se vengeant, à travers lui,* post mortem, *sur
Charles. C'est avec beaucoup de pertinence que Philippe
Adrien, dans sa mise en scène de 1998, au Théâtre de La
Tempête, lui teignit les cheveux en un rouge très agressif,
soulignant l'angoisse que suscite le personnage du fou.
Cette différence, qui caractérise le fou dont l'inconscient
pénètre à tout instant le discours, sans qu'aucune censure
ne vienne le mettre en veilleuse, fascina les surréalistes.* Victor, *rappelons-le, est une œuvre contemporaine de* Nadja,
véritable hymne à la folie.

    *Quant à l'extravagante Ida Mortemart, inspirée par le
célèbre pétomane de l'Eldorado qui faisait courir tout Paris
dans les années 1900, c'est un personnage de cabaret tel
que les surréalistes les affectionnaient. Figure de transgres-
sion, comme le fou, qui se permet en public ce que nul n'ose-
rait, elle est l'initiatrice, le sphinx qui détient les secrets de
l'amour et de la mort. « Miracle » dont Victor salue l'arrivée, elle constitue, selon Artaud, « le point culminant de la
pièce ». L'étonnant pouvoir de déflagration qui est attaché
à ses gestes et à ses paroles ne pouvait que le séduire. Elle
apparaît comme l'incarnation de la péripétie antique, revue
et corrigée à la lumière de la modernité surréaliste, puisque
la péripétie s'est dépouillée aujourd'hui de la nécessité qui
lui était attachée pour devenir le fruit du pur hasard. Bien
qu'elle n'ait droit qu'à une scène, son rôle est déterminant.
C'est elle qui précipite la mort de Victor et déclenche le premier accès de folie d'Esther qui « a de qui tenir », comme le
dit Victor, puisque « son père est fou ». Devant cette silhouette*

macabre, qui l'attire comme un aimant dès qu'elle lui apparaît, Victor pourrait s'écrier, comme Vitrac dans Connaissance de la mort *(1926) :* « J'ai oublié qu'il n'est de bonheur que dans l'antichambre de la mort. »

C'est en réunissant avec génie sur une scène de théâtre trois personnages nés du surréalisme, l'enfant, le fou, la pétomane, que Vitrac donne à son œuvre la violence inouïe d'un jeu de massacre. Toute la dynamique de la pièce repose sur eux. Les scènes les plus explosives sont celles où Victor se trouve confronté à Antoine qu'il provoque sciemment ou à Ida Mortemart qu'il questionne fiévreusement sur les « mystères de l'amour ».

*Héritier d'*Ubu roi *et des* Mamelles de Tirésias, Victor ou les enfants au pouvoir, *le chef-d'œuvre du théâtre surréaliste, est une pièce qui ouvre la modernité. Elle préfigure, par sa hardiesse, par sa violence qui s'exprime sous couvert d'un humour décapant, le théâtre des années cinquante, celui d'un Weingarten, d'un Dubillard, d'un Tardieu ou d'un Pinget, annonçant tout particulièrement la « farce tragique*[1] » *de Ionesco. Avec* Victor, *un comique nouveau est apparu sur la scène occidentale, qui résonne sur des gouffres d'angoisse. Quoi de plus poignant en effet, malgré le rire permanent, que le spectacle final de la mort de l'enfant, victime de la « bêtise au front de taureau » que stigmatisait Baudelaire et de l'égoïsme féroce d'une société impitoyablement conservatrice.*

MARIE-CLAUDE HUBERT

---

1. Tel est le sous-titre que Ionesco donne à sa pièce *Les Chaises* en 1951.

Victor

ou
les enfants
au pouvoir

PERSONNAGES	ACTEURS
VICTOR, neuf ans[1]	M. Marc Darnault.
CHARLES PAUMELLE, son père	M. Robert Le Flon.
ÉMILIE PAUMELLE, sa mère	Mlle Élisabeth Lannay.
LILI, leur bonne	Mlle Édith Farnèse.
ESTHER, six ans[2]	Mlle Jeanne Bernard.
ANTOINE MAGNEAU, son père	M. Auguste Bovério.
THÉRÈSE MAGNEAU, sa mère	Mlle Germaine Ozler.
MARIA, leur bonne	M...
LE GÉNÉRAL ÉTIENNE LONSÉGUR	M. Maxime Fabert.
MADAME IDA MORTEMART	Mme Domenica Blazy.
LA GRANDE DAME, personnage muet	Mme...
LE DOCTEUR	M. Max Dalban.

La scène se passe à Paris, le 12 septembre 1909, dans l'appartement des Paumelle, continûment de 8 heures du soir à minuit.

Victor ou les enfants au pouvoir *a été joué pour la première fois le lundi 24 décembre 1928 à Paris, sur la scène de la Comédie des Champs-Élysées, par le Théâtre Alfred Jarry.*

La mise en scène était de M. Antonin Artaud.

ACTE I

La salle à manger.

SCÈNE I

LILI, *dressant la table ;* VICTOR, *la suivant.*

VICTOR

... Et le fruit de votre entaille est béni[1].

LILI

D'abord, c'est le fruit de vos entrailles, qu'il faut dire.

VICTOR

Peut-être, mais c'est moins imagé.

LILI

Assez, Victor ! J'ai assez de ces conversations. Tu me fais dire des bêtises.

VICTOR

Parce que tu es une vieille bête.

LILI

Ta mère...

VICTOR

… est bien bonne[1].

LILI

Si ta mère t'entendait…

VICTOR

Je dis qu'elle est bien bonne. Ah ! ah ! elle est bien bonne ! bien, bien, bien bonne.

LILI

Ai-je dit une plaisanterie ?

VICTOR

Eh bien, ne puis-je pas aimer ma mère ?

LILI

Victor !

VICTOR

Lili !

LILI

Victor, tu as neuf ans aujourd'hui. Tu n'es presque plus un enfant.

VICTOR

Alors l'année prochaine, je serai un homme ? Hein, mon petit bonhomme ?

LILI

Tu dois être raisonnable.

VICTOR

... Et je pourrai raisonnablement te traiter de grue.

Elle le gifle.

VICTOR, *continuant.*

... à moins que tu ne consentes...

Elle le gifle de nouveau.

VICTOR, *même jeu.*

... à faire pour moi ce que tu fais pour d'autres.

Elle le gifle encore.

LILI

Morveux !

VICTOR

Ose dire que tu n'as pas couché avec mon père !

LILI

Va-t'en, ou je t'étrangle !

VICTOR

Hein ? ma petite bonne femme ? hein ? le petit bonhomme ?

LILI

Cet âge est sans pitié[1] !

VICTOR

Tu as trois fois cet âge, Lili[2]...

LILI

Tais-toi, tais-toi, je t'en supplie !

VICTOR, *prenant un verre sur la table.*

Tu vois ce verre, Lili ?

LILI

Oui, eh bien ?

VICTOR

C'est un verre en cristal de Baccarat. On le saura.
Ma mère le répète à chaque réception. Il est unique,
parce qu'il appartient à un service unique. C'est dire
qu'il vaut très cher. J'aurais dû commencer par
là. Écoute bien. J'ai neuf ans. Jusqu'ici j'ai été un
enfant modèle. Je n'ai rien fait de ce qu'on m'a
défendu. Mon père le rabâche : c'est un enfant
modèle, qui nous donne toutes les satisfactions, qui
mérite toutes les récompenses, et pour qui nous
sommes heureux de faire tous les sacrifices. Ma
mère ajoute qu'elle se saigne aux quatre veines,
mais le sang reste dans la famille, et comme bon
sang ne saurait mentir[1], je te le dis, j'ai été jusqu'à ce
jour irréprochable. Si j'ai jamais mis ma main en
visière pour pisser...

LILI

Oh !

VICTOR

... comme on me l'a recommandé, par contre je
n'ai jamais introduit mon doigt dans le derrière des
petites filles...

LILI

Tais-toi, monstre !

VICTOR

... comme l'a fait Lucien Paradis[1]. S'il l'ose, quand il aura neuf ans, il le confessera. Mais je tiens à te dire aujourd'hui 12 septembre, qui est la Saint-Léonce[2], que je n'attendrai pas un an de plus pour devenir un homme, ce qui ne signifie rien, et que simplement je suis décidé à être quelque chose.

LILI

Écoutez-le.

VICTOR

Oui, quelque chose ! Quelque chose de neuf, nom de Dieu !

LILI

Si on l'entendait !

VICTOR

Le verre de Baccarat est toujours dans ma fragile main. Qui des deux est le plus fragile ?

LILI

Victor ! tu ne vas pas casser ce verre.

VICTOR

Si ce verre tombe et se brise, la famille Paumelle, dont je suis le dernier descendant, perdra trois mille francs.

LILI

Il va le casser.

VICTOR

Rassure-toi, je ne le casserai pas.

Il remet le verre à sa place.

VICTOR

Non, je ne casserai pas le verre. Je casserai plutôt ce grand pot.

Il pousse un grand vase de Sèvres, qui se trouve sur une console. Le vase tombe et se brise.

VICTOR

Bon, en voilà pour dix mille francs à valoir sur mon héritage.

LILI

Mais il est fou. Tu es fou, Victor ! Un si beau vase !

VICTOR

Un si bel œuf. Et je n'ai pas vu le cheval. As-tu vu le cheval, toi ?

Imitant la voix d'un père qui imite une voix d'enfant.

VICTOR

Qu'est-ce que c'est ça, papa ?

Imitant la réponse du père.

VICTOR

C'est un œuf de cheval, un gros coco de dada[1].

LILI

Il ne respecte rien! Croyez-vous qu'il a des remords? Pas le moindre. Et quand je pense que tu l'as fait exprès!

VICTOR

Moi? qu'ai-je fait encore?

LILI

Ne fais pas l'imbécile. *(L'imitant.)* Moi, qu'ai-je fait encore?

VICTOR

Eh bien, toi, ma petite Lili, tu viens de casser un grand vase de Sèvres.

LILI

Comment! tu oses m'accuser de ce que tu viens de faire toi-même, volontairement, et sous mes yeux?

VICTOR

Oui.

LILI

Mais je dirai que c'est toi.

VICTOR

On ne te croira pas.

LILI

On ne me croira pas?

VICTOR

Non.

LILI

Et pourquoi?

VICTOR

Tu verras…

LILI

Je voudrais bien que tu me dises pourquoi?

VICTOR

Tu verras…

LILI

Mais, c'est affreux! C'est abominable! Je ne t'ai rien fait, moi, mon petit Victor! N'ai-je pas toujours été gentille, ne t'ai-je pas évité…

VICTOR

Tu ne m'as rien évité, jamais.

LILI

Dieu du Ciel! qu'est-ce qu'il a? Qu'as-tu?

VICTOR

J'ai neuf ans. J'ai un père, une mère, une bonne. J'ai un navire à essence qui part et revient à son point de départ, après avoir tiré deux coups de canon. J'ai une brosse à dents individuelle à manche rouge. Celle de mon père a le manche bleu. Celle de ma mère a le manche blanc[1]. J'ai un casque de pompier, avec ses accessoires, qui sont la médaille de sauvetage, le ceinturon verni et la hache d'abordage. J'ai faim. J'ai le nez régulier. J'ai les yeux sans défense, et les mains sans emploi, parce que je suis

trop petit. J'ai un livret de caisse d'épargne, où
l'oncle Octave m'a fait inscrire cinq francs le jour de
mon baptême, avec le prix du livret et du timbre ça
lui a coûté sept francs. J'ai eu la rougeole à quatre
ans et sans le thermomètre du docteur Ribiore, j'y
passais. Je n'ai plus aucune infirmité. J'ai la vue
bonne et le jugement sûr, et je dois à ces disposi-
tions de t'avoir vu commettre, sans motifs, un acte
regrettable. La famille appréciera.

LILI, *pleurnichant.*

Tu n'as pas le droit de faire ça. Ce n'est pas bien.
Si tu as un cœur, tu t'accuseras toi-même. C'est ainsi
qu'agissent les petits garçons loyaux et francs.

VICTOR

Je ne suis pas un petit garçon et je ne m'accuserai
pas parce que c'est toi qui as cassé le vieux pot.

LILI

Eh bien on va voir.

VICTOR

Tu me menaces? Écoute, Lili, je vais casser l'autre.

LILI, *en larmes.*

Quel malheur! Un petit garçon si doux, si sage;
qu'a-t-il vu? qui peut-il fréquenter?

VICTOR

Tu ne comprendrais pas. Tu ne comprendrais
pas parce que tu es stupide, maladroite et vicieuse.
Je n'invente rien. Dès que ma mère constatera les
dégâts, elle t'en convaincra sans difficulté, et je suis

sûr que tu seras encore assez lâche pour lui faire des excuses, comme si la moindre insulte ne valait pas mille fois plus que le gros coco du dada.

LILI

Il me demande d'insulter sa mère !

VICTOR

Mais, tu n'es pas sa fille, toi !

La bonne fond en larmes.

LILI

Je ne comprends plus. Je ne comprends rien.

VICTOR

Tu vas comprendre. Quoique je n'aie pas cassé l'œuf en question...

LILI

Oh !

VICTOR

... je pourrais m'en accuser. Je le ferais volontiers, mais on ne me croirait pas.

LILI

Quoi ?

VICTOR

On ne me croirait pas, parce que je n'ai jamais rien cassé de ma vie. Pas un piano, pas un biberon. Tandis que toi, tu as déjà à ton actif la pendule, la théière, la bouteille d'eau de noix, etc. Si je m'accuse, voilà mon père : Le cher enfant, il veut sauver

Lili. Et ma mère : Victor, ce que tu fais là est très bien ; vous, Lili, je vous chasse. Parce qu'il y aura du monde, on ne t'insultera pas davantage. Que veux-tu, tu as cassé le vase, je n'y peux rien. Rien du tout. Car, puisque je ne puis pas être coupable, je ne peux pas l'avoir cassé.

LILI

Pourtant, il est cassé.

VICTOR

Oui, tu as eu tort. *(Un temps.)* Sans doute, je pourrais dire que c'est le cheval…

LILI

Le cheval ?

VICTOR

Oui, le fameux dada qui devait naître du gros coco. Si j'avais trois ans, je le dirais, mais j'en ai neuf, et je suis terriblement intelligent.

LILI

Ah ! si j'avais cassé le verre seulement…

VICTOR

Je suis terriblement intelligent. *(S'approchant de Lili et imitant la voix de son père.)* Ne pleurez pas, Lili, ne pleurez pas, chère petite fille.

LILI

Victor ! qu'est-ce qui te prend ?

VICTOR, *même jeu.*

Je vous en supplie ne pleurez pas. Madame veut vous congédier, mais madame n'est rien ici. C'est moi qui suis le maître. D'ailleurs madame m'adore, moins pourtant que je ne vous aime. Je plaiderai pour vous, et j'obtiendrai gain de cause. Je vous le jure. Chère Lili. *(Il l'embrasse.)* Je vous sauverai. Comptez sur moi, et au petit jour, je vous apporterai moi-même la bonne nouvelle dans votre chambre. Cher agneau de flamme! Tour du soir! Rose de David[1]! Bergère de l'étoile! *(Il se lève d'un bond et se met à crier de toutes ses forces, les bras levés.)* Priez pour nous, priez pour nous, priez pour nous! *(Puis il part d'un grand éclat de rire.)*

LILI, *se parlant à elle-même, rageusement.*

Non, non, non. Je partirai, je partirai. Je veux partir tout de suite. Victor est devenu fou. Ce n'est plus un enfant.

VICTOR

Il n'y a plus d'enfants[2]. Il n'y a jamais eu d'enfants.

LILI, *même jeu.*

Sale maison! je partirai. Maintenant c'est moi qui veux partir. Je veux partir, et je partirai. Et il n'a que neuf ans. Il promet le Totor!

VICTOR

Je tiens toujours ce que je promets, et tu ne seras pas inquiétée. Reste.

LILI

Non.

VICTOR, *reprenant le jeu précédent.*

Tu resteras. Vous resterez, ma chère Lili. Image du Ciel. Casque du chat. Tige des lunes, vous resterez...

LILI

Eh bien, je resterai! Tu veux me faire chanter, sale gosse! voyou! Je resterai, soit, mais tu me le paieras!

VICTOR, *l'embrassant gentiment.*

Va, je ne t'en veux pas, Lili, et tu ne seras pas inquiétée, je te le jure... Parce que je suis terriblement intelligent. Dommage que tu aies payé la première[1].

Lili sort en pleurant.

SCÈNE II

VICTOR, *seul.*

Victor s'assied, se prend la tête dans les mains et reste silencieux pendant quelques instants.

VICTOR

Terriblement... intelligent. (*Un temps.*) J'ai vu cette nuit mon oncle, le député, le montreur d'ours, sous le thuya du jardin. Il était tout blanc, avec un fusil blanc comme du marbre. Il a réussi. Je m'approchais de lui, à distance pourtant de sa main. Quelle manie de me toucher le front et de dire : il me ressemble. Ah! celui-là, c'est bien un Paumelle. Je voyais soudain dans le nuage le dessin exact d'un éclair... Nous fûmes surpris, l'autre année, un quatorze juillet, par l'orage. Des chevaux se cabraient devant les drapeaux de la gendarmerie. Tout le monde était gai. Mon père, qui tenait les rênes, avait des gants noirs. Comme autrefois, l'éclair était rose. Je remarquai sa forme instantanée. Il figurait le contour des côtes de la Manche. Je le suivais du doigt sous la pluie. Le député excitait ses ours, et m'assurait de son affection : Victor, tu es terriblement*...

Entre Esther.

SCÈNE III

VICTOR, ESTHER

ESTHER

Bonjour, Victor. Je te souhaite un heureux anniversaire.

Elle l'embrasse.

VICTOR

Ah ! c'est toi, Esther, bonjour. *(Un temps.)* Merci.

ESTHER

De rien.

VICTOR

De rien ? Alors, pourquoi le dis-tu ?

ESTHER

On dit de rien, par politesse.

* Ce passage a été supprimé à la représentation *(N.D.L.A.)*.

VICTOR

Chez moi on dit : il n'y a pas de quoi.

ESTHER

C'est plus long.

VICTOR

Écoute, Esther, ne t'occupe pas de moi. Laisse-moi tranquille. Soigne tes poupées. Lèche tes chats, aime ton prochain comme toi-même et sois une enfant docile, en attendant d'être une bonne épouse et une bonne mère.

ESTHER

Tu ne m'aimes plus, méchant !

VICTOR

Tu ne comprends pas. Tu ne comprendrais pas. Tu es comme Lili. Tiens, Lili, qui a cassé la potiche tout à l'heure, et qu'on va probablement renvoyer, parce qu'elle a l'intention de m'accuser.

ESTHER

Et ce n'est pas toi ?

VICTOR

Évidemment. Si j'étais coupable, je n'irais pas m'en vanter.

ESTHER

Bien sûr ! *(Un temps.)* Pauvre Lili !

VICTOR

N'en parlons plus. Dis donc, Esther, j'ai une belle histoire à te raconter.

ESTHER

Veine ! Dis vite.

VICTOR

Tu connais Pierre Dussène ? Oui, tu le connais,
celui qui se promène avec un grand fouet et qui col-
lectionne les serpents. Eh bien, je suis sorti avec lui
hier soir.

ESTHER

Hier soir ? sans Lili ?

VICTOR

Non, Lili est venue ; mais nous l'avons chassée à
coups de pierres. Elle ne s'en vantera pas. Je la tiens.
Elle nous attendait chez sa sœur pendant que nous
allions à la comédie, sous la halle.

ESTHER

Quelle chance, tu as, Victor !

VICTOR

La paix !... C'était merveilleux.

> À mesure qu'il raconte il imite les comé-
> diens.

Devant un rideau rouge et beaucoup de papillons,
un homme, le visage couvert de plumes se roulait aux
pieds d'une femme à cheval qui tenait une grande
croix.

ESTHER

Vraiment ?

VICTOR

Et il chantait :

> Que vous m'aimiez
> Que vous ne m'aimiez pas
> Ça m'est bien égal Mam'zelle
> Que vous m'aimiez
> Que vous ne m'aimiez pas
> Laissez-moi planter mes pois

ESTHER

C'est divin.

VICTOR

Oui, madame Magneau fille, c'est divin. Mais ce n'est encore rien. Après la représentation, Pierre et moi, nous sommes allés derrière la baraque, et nous avons soulevé la toile.

ESTHER

Ah ! Et qu'avez-vous vu ?

VICTOR

L'homme barbouillé de plumes était allongé sur le dos, et il tétait à même le pis d'une chèvre.

ESTHER

Et la femme ?

VICTOR

La femme mangeait un morceau de pain.

Un long silence.

ESTHER

Écoute, Victor, j'ai aussi une histoire à te raconter.

VICTOR

Enfin[1] !

ESTHER

Pourquoi, enfin ?

VICTOR

Rien.

ESTHER

C'est un peu comme la tienne.

VICTOR

Tu me mets l'eau à la bouche.

ESTHER

Il s'agit de ton papa.

VICTOR

Ah !

ESTHER

Oui, et de ma maman.

VICTOR

Eh, eh ! voyez-vous ça. Madame Magneau. Sacrée Thérèse !

ESTHER

Je me tais, si tu ris.

VICTOR

Je ne ris pas, je ricane.

ESTHER

Ah ! tu approuves, alors ?

VICTOR

J'approuve, tu ne crois pas si bien dire. Sais-tu ce que tu viens d'insinuer ?

ESTHER

Non, c'est un mot.

VICTOR

Elle est charmante.

ESTHER

Merci. *(Elle l'embrasse.)* J'étais assise au salon sur les genoux de maman, et je tenais une de ses boucles d'oreilles. On vient de me les percer. Allume donc une torchère. Non. Elle ne voulait pas. On sonne. Ma maman se lève tout d'un coup et je roule à terre. Pif paf, des deux mains à la fois. « Tu ne peux pas faire attention, idiote. » C'était moi, l'idiote.

VICTOR

Avec les bagues ?

ESTHER

Évidemment. Une joue éraflée, mais j'avais la boucle d'oreille dans la main, cassée. Et qui était-ce ?

VICTOR

Mon papa.

ESTHER

Tout juste.

VICTOR

«Va te coucher.»

ESTHER

«Je n'ai pas sommeil.» Évidemment, quand il vient quelqu'un : Au lit !

VICTOR

Il vient beaucoup de monde ?

ESTHER

Non. Monsieur Paumelle.

VICTOR

Mon papa. Il est beau, hein ?

ESTHER

Beau ? Oh ! il est tout rasé.

VICTOR

Tu veux dire tout nu ?

ESTHER

Non, bien sûr. Les mains et la figure seulement.

VICTOR

Ah, bébé ! Continue.

ESTHER

Alors, voilà. Je reste, on me jette un livre : «Bonjour Charles, bonjour, Thérèse. Où est le cher

Antoine?» Papa dormait. Ils se sont assis sur le canapé, et voilà ce que j'ai entendu. Maman disait : «Friselis, friselis, friselis[1].» Ton papa : «Réso, réso, réso.» La mienne : «Carlo, je m'idole en tout» ou quelque chose comme ça. Le tien : «Treize ô baigneur muet.» La mienne : «Mais si Antoine, là d'un coup.» Le tien : «Ton cou me sauverait.» La mienne : «Horizon ravi.» Le tien : «Laisse là cette pieuvre rose.» Je suis sûre de la pieuvre, le reste n'est que de l'à-peu-près.

VICTOR

C'est tout!

ESTHER

La mienne a pleuré, et le tien est parti en claquant la porte.

VICTOR

Alors?

ESTHER

Alors papa est arrivé en chemise. Il a fait le tour du salon en disant : «Je ne me sens pas bien.» Il répète toujours qu'il ne se sent pas bien. «Moi non plus», a dit maman. Il s'est agenouillé à ses pieds. Maman tremblait. Et il a crié, comme il le fait depuis quelques jours : «Les petits veaux valent mieux que vos petits! Bazaine!» Et, comme le docteur a recommandé à maman de ne pas le contrarier, tout le monde est allé se coucher.

VICTOR, *se levant, et comme en proie à un*
délire soudain.

Ah ! quelle destinée. Moi, tour à tour, à l'essai du
marteau, du rabot, de la plume, des soupapes, de la
vapeur, de l'amour. Maintenant de l'amour. Et là-
dessus, la botte pesante de mon père, et le grand
vertige de femmes dans leur appartement. *(Déclamant.)*

Je l'ai laissé passer dans son appartement
Je l'ai laissé passer dans son appartement[1]

(Annonçant.) Les voilà : L'Enfant Terrible, le Père
Indigne, la Bonne Mère, la Femme Adultère, le
Cocu, le vieux Bazaine. Vive l'hirondelle ! l'outarde[2],
le paradisier[3], le cacatoès et le martin-pêcheur. Vive
la raie bouclée[4] et la torpille. *(Changeant de ton, à
Esther qui suit la scène, la bouche et les yeux grands
ouverts.)* Vive Antoine !

ESTHER

Vive papa !

Elle fond en larmes.

VICTOR

Ah ! je respire.

ESTHER, *criant.*

Tu me fais peur.

*Elle se remet à pleurer. Entrent Charles,
Émilie Paumelle et Thérèse Magneau.*

SCÈNE IV

VICTOR, ESTHER, CHARLES PAUMELLE,
ÉMILIE PAUMELLE, THÉRÈSE MAGNEAU

ÉMILIE PAUMELLE, *en entrant.*

Charles!

CHARLES

Présent!

ÉMILIE, *désignant les débris du vase.*

Le Sèvres.

CHARLES PAUMELLE et THÉRÈSE MAGNEAU,
ensemble.

Oh!

CHARLES

Victor! qui l'a cassé?

ÉMILIE

Tu le demandes? C'est trop fort. Où est Lili?

CHARLES

Est-ce Lili?

VICTOR

Non, c'est Esther!

THÉRÈSE

Est-ce toi, Esther?

VICTOR

Vous voyez bien qu'elle pleure…

Entre Lili pour le service.

SCÈNE V

LES MÊMES, LILI.

VICTOR, *à Lili.*

On prétend que tu as cassé le vase. Dis la vérité.
L'as-tu cassé ?

LILI

Non.

VICTOR

C'est Esther. J'ai eu le malheur de lui dire que
c'était un œuf de cheval, et comme j'avais le dos
tourné, elle l'a brisé pour voir naître le poulain.

ÉMILIE, *à Charles.*

Voilà, imbécile, avec tes histoires !

CHARLES

Mais Victor ne l'a jamais cassé, lui…

ÉMILIE

Victor, évidemment, Victor. Crois-tu qu'il ait jamais
coupé dans tes inepties.

Lili sort.

SCÈNE VI

LES MÊMES, *moins* LILI.

THÉRÈSE

Esther viens ici. *(Esther ne bouge pas.)* Tu as entendu, Esther ? Je t'ai dit de venir ici. Veux-tu que je vienne, moi ? Tiens !

Elle la gifle des deux mains.

VICTOR

Pardon, madame Magneau. Avez-vous retiré vos bagues ?

CHARLES

Victor ! de quoi te mêles-tu ?

ÉMILIE, *à Thérèse.*

Le cher petit craint que vous ne blessiez Esther avec vos diamants.

THÉRÈSE, *confuse.*

Il a raison, mais cette gamine est insupportable et mérite une punition ; car ma chère amie, ce vase était une pièce très rare, et qui valait fort cher, n'est-ce pas ?

CHARLES

Mon Dieu, Thérèse, je suis le grand coupable dans cette affaire, laissez-m'en supporter le dommage.

VICTOR

D'autant plus que ces objets, malgré leur masse, sont plus fragiles que vos bagues et que vos boucles d'oreilles, n'est-il pas vrai ?

THÉRÈSE, *rougissant.*

Je n'ai jamais corrigé ma fille avec des boucles d'oreilles que je sache.

ÉMILIE

Où va-t-il chercher tout ce qu'il trouve ? Moi j'approuve fort cette réponse. Ne vous fâchez pas, Thérèse. Je suis d'avis qu'il faut encourager l'esprit d'à-propos des enfants.

VICTOR

Esther est bien assez punie, croyez-le, madame, et je demande, puisque c'est mon droit d'anniversaire, que vous lui fassiez grâce.

CHARLES

Bravo, Victor. Thérèse, embrassez votre fille et n'en parlons plus.

ÉMILIE

Viens, mon fils, viens, Victor. Tiens, voilà dix francs.

THÉRÈSE, *bas à Esther.*

Enfin, Esther, me diras-tu pourquoi tu as fait cela ?

ESTHER, *qui ne pleure plus.*

Parce que Victor a neuf ans aujourd'hui.

THÉRÈSE

Eh bien, tiens!

Elle la gifle.

TOUS

Oh!

THÉRÈSE

Pardon, mon petit Victor. C'est la dernière de la soirée[1], mais cela a été plus fort que moi.

Esther ne bronche pas. Victor va la rejoindre dans son coin, où ils discutent à voix basse.

CHARLES

Parlons d'autre chose, et n'attristons pas notre petite fête par des criailleries et par des pleurs. Au fait, Antoine n'est pas encore là, ni le général?

THÉRÈSE

Oh! Antoine, s'il n'avait insisté pour venir, je l'aurais volontiers laissé à la maison.

ÉMILIE

Que dites-vous, Thérèse? Vous auriez abandonné Antoine? Mais ma chère, j'en aurais été désolée, et Victor qui l'adore vous en aurait certainement voulu.

THÉRÈSE

Ah! il n'est pas drôle, vous savez!

ÉMILIE

Quoi?

CHARLES

Oui, ma chère Émilie, Antoine n'est pas bien. Il est...

THÉRÈSE

Il est fou.

ÉMILIE

Fou?

THÉRÈSE

Hélas!

ÉMILIE

Mais, c'est horrible!

CHARLES

Ne fais pas l'étonnée, voyons Émilie. Tu sais parfaitement qu'Antoine était sujet à de certains crises. Rares autrefois, elles deviennent de plus en plus fréquentes. Thérèse s'en inquiétait tous les jours davantage. Elle s'en alarme aujourd'hui.

THÉRÈSE

Oui.

ÉMILIE

Allons, allons, Thérèse, ne vous désespérez pas trop vite, on ne perd pas la tête comme cela, de but en blanc.

VICTOR, *qui tendait l'oreille.*

Si, de but en blanc.

Tous se tournent vers lui.

VICTOR

De but en blanc. Un beau jour, il lève des armées comme un rameau de feuilles. Il vise à l'œil. Les plus belles femmes du monde sont emprisonnées dans leurs dentelles sanglantes, et les rivières se dressent comme des serpents charmés. L'homme, entouré d'un état-major de fauves, charge à la tête d'une ville dont les maisons marchent derrière lui, serrées comme des caissons d'artillerie. Les fleurs changent de panache. Les troupeaux se défrisent. Les forêts s'écartent. Dix millions de mains s'accouplent aux oiseaux. Chaque trajectoire est un archet. Chaque meuble une musique. De but en blanc. Mais il commande!

Tous regardent Victor avec égarement.

CHARLES

Victor! qu'est-ce qu'il a? Qu'est-ce que tu as?

VICTOR

J'ai la berlue!

ÉMILIE

Victor. Mais je ne l'ai jamais vu ainsi. Tu n'es pas bien, Victor? Réponds. Veux-tu une goutte? Tiens, une goutte d'eau de mélisse sur un morceau de sucre.

VICTOR, *éclatant de rire.*

Que se passe-t-il? Vous parliez d'Antoine, n'est-ce pas? Antoine doit venir. Vous l'avez dit, même s'il est malade. Voilà bien ma mère. Sitôt qu'elle entend parler maladie, elle voit tout le monde malade.

CHARLES

Trêve de plaisanterie. Je veux que tu m'expliques ce que tu viens de dire.

VICTOR

Mais, il n'y a rien à expliquer, mon petit papa. Je faisais le fou. Ce n'est pas le diable !

CHARLES

Non. Mais c'est un manque de tact à l'égard de Thérèse et tu lui dois des excuses.

ESTHER

Je lui défends de faire des excuses à maman.

TOUS

Hein ?

ESTHER

Oui, je le lui défends.

CHARLES

Et pourquoi, s'il vous plaît, mademoiselle ?

ESTHER

Je ne sais pas. Mais je ne veux pas qu'il lui fasse d'excuses. Moi, on ne m'a pas demandé d'en faire quand j'ai cassé la porcelaine.

THÉRÈSE

Eh bien, soit, il ne fera pas d'excuses. Vous voyez, elle n'est pas si méchante que cela, Esther. Mais, il nous dira ce que signifiait cette espèce de délire auquel personne, j'en suis sûre, n'a rien compris.

VICTOR

Comment, vous ne l'avez pas deviné?

TOUS

Ah! non — Ma foi non — Qui l'aurait deviné?

VICTOR

Eh bien, ces mots étaient purement et simplement les éléments en désordre de ma prochaine
composition française.

> *Un silence, puis ils partent tous d'un rire
> forcé.*

CHARLES

Ah, bougre de gosse! Quel bonhomme, hein?
Que voulez-vous, il faut bien lui passer quelque
chose, il nous donne tant de satisfactions. Son professeur, que j'ai rencontré hier, me le répétait
encore. Ce garçon, s'il ne lui arrive rien, il ira loin,
croyez-moi, il ira très loin. Il est terriblement intelligent. Vous entendez, Thérèse, terriblement.

THÉRÈSE

J'entends bien, il est terrible!

> *Antoine Magneau entre en coup de vent.*

SCÈNE VII

LES MÊMES, ANTOINE MAGNEAU

ANTOINE MAGNEAU

Bonsoir. Où est-il? Ah, te voilà. Il grandit de jour
en jour; quel âge as-tu? Neuf ans, et tu as un mètre

quatre-vingts. Combien pèses-tu? Tu ne te pèses jamais? Tu as tort : qui souvent se porte, bien se connaît, qui bien se connaît, bien se pèse[1]. Quel charmant enfant vous avez là, Charles. C'est tout le portrait de Galvani, oui, le dresseur de grenouilles[2]. Ah, il faut bien rire un peu. Et vous, Émilie, toujours triste? Quel ennui. Rien à faire en ce moment. Ah, vous cassez la vaisselle, maintenant. Bravo, Charles. Vive le marteau. Moi je préfère la scie, c'est plus mélodieux. Affaire de goût, n'est-ce pas? affaire de goût. Bonsoir, Thérèse. *(Il l'embrasse.)* Eh bien, tu ne m'embrasses pas? Elle ne m'embrasse pas. Elle ne m'embrasse jamais. Je ne sais pourquoi. Affaire de reddition. Onze mille fusils, trois cents canons, et le feu de joie aux drapeaux. Quelle vie! Ah, voilà la petite cantinière. Mam'zelle Esther. Salut militaire. Vive le Premier Consul!

Il chante.

Je suis la fille de Mont-Thabor, ran, ran, ran, ran.
La fille du tambour-major, ran, ran, ran, ran[3].

Il embrasse sa fille.

Écoutez, je suis ravi de vous voir tous en si bonne santé. Surtout Charles. Charles, mon vieux, vous, vous êtes amoureux. Non? Quelle blague. Eh bien, Émilie, je ne vous fais pas mes compliments. Vous ne pouvez pas retenir ce gaillard. Allons donc. Thérèse, montre-nous comment tu mets le feu aux poudres. Allez, le jeu des mains, des chevilles, le virage des yeux, le balancement des organes et la Trêve-Dieu, enfin, la Trêve-Dieu…

CHARLES

Antoine, mon cher ami, vous prendrez bien… tenez, un verre de quinquina.

ÉMILIE

Oui, de quinquina…

THÉRÈSE

Mon ami, je t'en prie, tais-toi. Les enfants t'écoutent. Assieds-toi.

ANTOINE

Ah, les braves gens !

Il se laisse tomber sur un siège.

VICTOR

Monsieur Magneau, monsieur Magneau !

ANTOINE

Hein, quoi ?

ÉMILIE

C'est mon petit Victor, Victor qui vous appelle.

ANTOINE

C'est toi, Victor ? Viens ici, mon petit, et dis-moi ce que tu veux.

VICTOR

Je veux que tu me parles de Bazaine.

TOUS

Oh, Victor !

ANTOINE, *déclamant comme une leçon*
apprise par cœur :

BAZAINE *(zè-ne)* (Achille), maréchal de
France, né à Versailles. Il se distingua en Cri-

mée et commanda en chef au Mexique, non
sans mérite ; mais chargé en 1870-71 de la
défense de Metz, il trahit véritablement son
pays par son incurie, son incapacité, l'étroi-
tesse et l'égoïsme de ses vues. Il se laissa ren-
fermer dans la place, ne tenta que des efforts
dérisoires pour en sortir, engagea de louches
négociations avec Bismarck, puis rendit la
ville sans avoir fait ce que lui prescrivaient
l'honneur et le devoir militaires. La peine de
mort à laquelle il fut condamné en 1873,
ayant été commuée en celle de la détention,
il réussit à s'évader, et se retira en Espagne,
où il vécut entouré du mépris général (1811-
1888)*.

Il se met à pleurer.

THÉRÈSE

Tout cela est honteux, honteux, honteux.

Elle se cache la tête dans les mains.

CHARLES

Mais non, Thérèse, mais non, c'est très amusant,
je vous assure…

ÉMILIE

Charles ! eh bien !

VICTOR

Merci, monsieur Magneau, je te remercie.

CHARLES

Assez, Victor, tu le fais exprès.

---

* Dictionnaire Larousse.

Le prenant à part.

Monsieur Magneau est malade, tu devrais avoir pitié de madame Magneau et d'Esther.

VICTOR

Esther m'a affirmé que Bazaine était son sujet favori ; j'ai cru lui faire plaisir.

THÉRÈSE, *qui a entendu.*

C'est encore toi, Esther ! Viens ici !

Elle la gifle.

CHARLES, *à Émilie.*

C'est curieux, n'est-ce pas ?

ÉMILIE

Je ne comprends rien. C'est à croire qu'il est contagieux. Regarde Victor.

CHARLES

Antoine n'était pourtant pas là tout à l'heure. Et Victor...

ÉMILIE

Non, mais il allait venir. Enfin, moi, je ne suis pas tranquille.

THÉRÈSE, *s'approchant d'elle.*

Je vous demande pardon, Émilie, j'aurais dû prévoir.

ÉMILIE

Que voulez-vous, ma chère Thérèse, tout le monde

a ses peines, et nous sommes heureux de vous donner l'occasion de les partager avec nous.

THÉRÈSE, *l'embrassant.*

Chère, chère amie.

ANTOINE, *très naturel.*

Excusez-moi, je crois qu'en arrivant je n'étais pas très bien. Peut-être ai-je outrepassé les lois de l'hospitalité ?

CHARLES

Allons, allons, mon vieil Antoine. Mettons que vous avez un peu rêvé, un peu dormi, et n'en parlons plus. Êtes-vous bien, maintenant ?

ANTOINE

Je suis au mieux.

CHARLES

C'est parfait.

ESTHER

Vive papa !

ANTOINE, *la prenant sur ses genoux*
et l'embrassant.

C'est vive Victor ! qu'il faut dire, n'est-ce pas ? Vivent les neuf ans de Victor[1] !

ESTHER

Vive Victor !

Entre le général.

SCÈNE VIII

LES MÊMES,
LE GÉNÉRAL ÉTIENNE LONSÉGUR

CHARLES

Ah ! voilà le général.

LE GÉNÉRAL ÉTIENNE LONSÉGUR, *saluant.*

Madame... Madame... Bonsoir Charles, bonsoir
monsieur Magneau. On grandit toujours Victor ? On
grandit toujours en taille et en sagesse, hein ?

VICTOR

Hélas, oui, général.

LE GÉNÉRAL

Hélas ? pourquoi hélas ?

VICTOR

C'est un mot.

LE GÉNÉRAL

C'en est un. Quelle taille as-tu ?

VICTOR

Un mètre quatre-vingt-un, général.

LE GÉNÉRAL

Un cuirassier, on en fera un cuirassier.

VICTOR

Vous êtes trop aimable, général.

LE GÉNÉRAL

Moi? allons donc, je suis une vache.

ESTHER

Ce n'est pas vrai.

LE GÉNÉRAL

Ah! la charmante petite fille. Bonsoir Esther. Alors, on ne veut pas que je sois une vache? Eh bien, que veut-on que je sois, alors?

ESTHER

Un général.

Gêne.

VICTOR

Dites donc, général?

ÉMILIE

Je te défends ces familiarités, tu entends?

LE GÉNÉRAL

Ma chère enfant, tout le monde m'appelle général. Que me veut-on? Que me veut mon petit Victor?

VICTOR

Avez-vous connu Bazaine?

TOUS, *sauf le général et Antoine qui n'a pas entendu.*

Oh! oh! oh!

THÉRÈSE, *à Victor qu'elle a pris à part.*

Fais-moi plaisir, Victor, évite de parler de la guerre de 1870-71. Crois-tu que ce soit gai pour tout le monde ? Et mon pauvre mari est si malade. Il suffit qu'on aborde ce chapitre pour que ses crises le reprennent. Tu ne le feras plus, n'est-ce pas, promets-le-moi ? Jure-le-moi ?

VICTOR, *lui chatouillant les tempes.*

Friselis, friselis, friselis.

ÉMILIE, *arrivant à l'improviste*

Il vous taquine encore. Ne lui en veuillez pas, Thérèse. Sans doute, il a neuf ans, mais il n'a que neuf ans. Allons, à table, Victor, tout le monde à table.

Chacun prend place. La lumière s'éteint. Quand elle se rallume on est au dessert[1].

LE GÉNÉRAL, *levant son verre.*

Je bois à tes neuf ans, Victor.

TOUS

Aux neuf ans de Victor !

VICTOR

Je bois à ma mère bien-aimée, à mon père adoré, au général Étienne Lonségur, je bois à vous madame Magneau, je bois à monsieur Antoine Magneau. Je bois à Esther, leur fille, et je bois à Lili, qui est la servante accomplie de cette maison.

TOUS

Bravo !

On trinque.

CHARLES

Et maintenant, Victor, tu vas nous dire quelque chose.

VICTOR

Mais, je ne sais rien.

ÉMILIE

Allons, ne te fais pas prier. Tu n'es pourtant pas timide. Je suppose que madame et monsieur Magneau ne te font pas peur.

VICTOR

Non, mais c'est le général.

LE GÉNÉRAL

Victor, dis-nous une poésie. Tu en sais bien une, que diable. Tout le monde sait une poésie.

ÉMILIE

Et il dit si bien !

VICTOR, *se levant.*

Général, c'est pour vous. C'est pour la France.

> Tu seras soldat, cher petit.
> Tu sais, mon enfant, si je t'aime,
> Mais ton père t'en avertit,
> C'est lui qui t'armera, lui-même,
>
> Quand le tambour battra demain.
> Que ton âme soit aguerrie
> Car je viendrai offrir ta main
> À notre mère, la Patrie.

ANTOINE, *se levant brusquement.*

Je demande la parole.

VICTOR

Tu l'as, Antoine.

THÉRÈSE

Assieds-toi, Antoine.

TOUS

Laissez-le, Thérèse, voyons, laissez-le, laissez-le
s'amuser.

CHARLES

Victor, tu te permets trop de libertés avec monsieur Magneau.

VICTOR

Parle, Antoine ! Silence au camp !

Tous se taisent, gênés et effrayés.

ANTOINE

Des cochons. Des cochons. Des cochons. La petite
cavalerie de Sedan[1], avec ses chevaux arabes, ah !
ah ! Mais l'autre, brillamment chamarré entre deux
nègres, nous livrait le Sénégal et le Haut-Niger. Que
faisait Faidherbe[2] ? Faidherbe, debout sur un taureau, escorté de 1 400 spahis, descendait soudain
par le petit escalier portatif de cuivre et de pourpre,
jusqu'au désert où se mouvaient tous les samalecs
africains, comme une mer de courtoisie, et plantait
au milieu de la fantasia un palmier qui produit des
dattes tricolores[3] :

Vive donc la Troisième République, qui garantit l'instruction obligatoire, forme des citoyens dignes de ce nom, et qui assure enfin aux classes laborieuses le bénéfice des principes de stricte solidarité humaine qui sont les legs les plus précieux de la Révolution*.

À part ça, tous des cochons, des cochons et des patriotes.

Il se tait. Un silence angoissé.

VICTOR

Et Bazaine !

TOUS

Oh ! oh ! oh !

ANTOINE

Bazaine ? *(Regardant Charles dans les yeux.)* Charles, connais-tu l'histoire de Bazaine ?

CHARLES

Non.

THÉRÈSE

Mais tu l'as déjà racontée, mon petit...

ANTOINE, *saisissant un couteau et frappant au milieu de la table.*

Ah, je te tiens, Bazaine, je te tiens, eh bien, tiens, tiens, tiens ! *(Pleurant.)* Je vais mourir. Sa photographie ! Non, rien de vous, monsieur le curé, pas de

* Dictionnaire Larousse.

lecture, je vous en prie, je commande : Soldats, je vous dois la vérité, je suis cocu, et maintenant, visez, droit au cœur, droit au cocu.

Il s'effondre.

THÉRÈSE

Je vous l'avais bien dit.

Elle pleure.

Et depuis plus d'un mois c'est le même manège, imprévisible, latent, terrible.

Silence angoissé. Personne n'ose bouger. Thérèse et Charles se regardent épouvantés. Lili se tient dans l'embrasure de la porte. Esther renifle dans un coin.

VICTOR, *s'approchant d'Antoine.*

Antoine, au nom du peuple français, je te fais chevalier de la Légion d'honneur[1].

Il lui donne l'accolade.

ANTOINE, *qui est de nouveau très calme.*

Tu es gentil, Victor. Moi aussi je t'aime bien. Ta poésie m'a beaucoup touché. De qui est-elle ?

VICTOR

Elle est de Victor de Laprade[2]. Je l'ai dite parce qu'il s'appelle Victor, comme moi.

ANTOINE, *prenant tout le monde à témoin.*

N'est-il pas adorable ? Eh bien, Esther ? tu pleures. Ta mère te refuse quelque chose, je suis sûr. Thérèse, ne la contrarie pas aujourd'hui. Donne-lui de

la moutarde si elle en a envie, et elle va nous dire
quelque chose, elle aussi. C'est son tour. N'est-ce
pas, Esther?

ESTHER

Oui, papa. Un peu de silence, et je commence :

> You you you la baratte
> La baratte du laitier
>
> Attirait you you la chatte
> La chatte du charcutier.
>
> You you you you qu'elle batte
> Pendant qu'il va nous scier
>
> Le foie you you et la rate
> Et la tête du rentier
>
> You you you you mets la patte
> Dans le beurre familier
>
> Le cœur you you se dilate
> À les voir se fusiller
>
> You you madame se tâte
> Mais les fruits sont verrouillés
>
> Que l'enfant you you s'ébatte
> Dans son berceau le beurrier
>
> Avant you you la cravate
> Du bon petit écolier[1].

ÉMILIE

Oh! c'est délicieux. Embrasse Esther, Victor, et
remercie-la.

VICTOR

Je suis ravi, Esther, et je t'embrasse de tout mon
cœur.

LE GÉNÉRAL

Autrefois quels youyous. *(Il chante.)* Et youp par-ci, et youp par-là.

CHARLES

Général, vous ne nous ferez pas croire...

Tous rient.

LE GÉNÉRAL, *désignant Esther et Victor qui
sont restés embrassés.*

Joli duo, ces deux petits. Grands tous les deux. Parions que vous les marierez.

THÉRÈSE

Ah, non !

ÉMILIE

Pourquoi pas, Thérèse ? Notre Victor et votre Esther, je n'y ai jamais pensé, mais mon Victor et Esther. Enfin, pour la plaisanterie Esther pourrait bien s'appeler Paumelle, je m'appelle bien Paumelle, moi. Bien sûr, on a le temps d'y penser, mais les voyez-vous ensemble, et nos familles réunies. Antoine est de mon avis, j'en suis sûre.

CHARLES

Mon Dieu, Thérèse... Émilie, ils ont bien le temps.

ANTOINE

Non, ils n'ont pas le temps. Nous allons les marier tout de suite. Hein ? histoire de rire. Allez, je vous marie, et je suis sûr que vous savez déjà jouer les amoureux. N'est-ce pas général ? ça va être très rigolo.

LE GÉNÉRAL

C'est cela, jouez-nous papa et maman. Ah, quelle bonne idée. Là, Victor, tu es le papa. Esther, tu es la maman. Et c'est la femme qui commence, bien entendu.

> *Un long silence, pendant lequel Victor parle bas à Esther[1].*
>
> *Esther et Victor vont jouer la scène que la petite fille surprit entre Charles et Thérèse.*

ESTHER

Friselis, friselis, friselis.

VICTOR

Réso, réso, réso.

ESTHER

Carlo, je m'idole en tout.

VICTOR

Treize, ô baigneur muet.

ESTHER

Mais si Antoine, là d'un coup.

VICTOR

Ton cou me sauverait.

ESTHER

Horizon ravi.

VICTOR

Laisse là cette pieuvre rose. *(Esther fait semblant de pleurer. Victor sort en claquant la porte, puis rentre aussi-*

tôt avec une fausse barbe en criant.) Mes petits veaux valent mieux que vos petits, Ba ba ba... dinguet[1].

> *Il arrache sa fausse barbe, et tous deux éclatent de rire. L'assistance est atterrée. Antoine, avec un grand naturel, s'approche d'Émilie et lui dit quelques mots à voix basse, près de l'oreille.*

ÉMILIE

Oh ! Antoine.

LE GÉNÉRAL

On claque des dents, Émilie, on a froid ?

ÉMILIE

Laissez-moi. Oh ! pardon, général. Non, merci, je n'ai pas froid. Mais laissez-moi, Antoine, voyons.

> *Antoine insiste, il caresse Émilie qui tente de se dégager.*

LE GÉNÉRAL, *à Thérèse.*

Sans doute une autre crise se prépare.

THÉRÈSE

Je ne sais pas. Je ne sais pas, vous dis-je. *(Criant.)* Je ne sais pas.

LE GÉNÉRAL, *à Charles.*

Qu'avez-vous ? Qu'a-t-on ici ?

CHARLES

Qu'a-t-on ? qu'a-t-on, Caton l'ancien, nom de Dieu !

LE GÉNÉRAL, *aux enfants.*

Mes enfants, retirez-vous un moment.

VICTOR

Non, général.

ESTHER

Non, général.

LE GÉNÉRAL

Eh bien, restez.

> *Antoine poursuit son manège et continue à lutiner Émilie en déclamant*[1].

ANTOINE

> You you you you la baratte
> La baratte du laitier
>
> Attirait you you la chatte
> La chatte du charcutier
>
> Le cœur you you se dilate
> À les voir se fusiller.

> *Enfin Antoine s'arrête et s'effondre dans un fauteuil, la tête dans les mains. — Émilie la tête rejetée en arrière, les bras croisés, regarde tour à tour son mari et Thérèse. — Les enfants s'embrassent de temps en temps. — Le général se mouche. — Thérèse et Charles se donnent des coups de coude. — Longue scène muette.*

ÉMILIE

Qu'il soit bien entendu que je n'ai rien compris à cette scène.

THÉRÈSE

Antoine, mon pauvre Antoine.

Elle pleure.

CHARLES

Je voudrais demander à Victor... Victor !

VICTOR

Papa ?

CHARLES

Rien. Plus tard.

ANTOINE, *se levant.*

Thérèse avait raison, je ne suis pas bien. Il faut que je rentre. Excusez-moi.

THÉRÈSE

Excusez-nous. Esther ! allez ! ton manteau, tes gants...

ANTOINE

Non, je rentrerai seul. Je vous défends de m'accompagner. Je vous le défends, vous entendez bien. Bonsoir.

Il sort en fredonnant.

You you, madame se tâte
Mais les fruits sont verrouillés.

Longue gêne.

SCÈNE IX

LES MÊMES, *moins* ANTOINE.

LE GÉNÉRAL

On était si gai ! et voilà qu'on pleure, et ces enfants sont si gentils ! Allons que la fête continue.

ÉMILIE

Vous avez raison, général. Tenez, un verre de champagne.

LE GÉNÉRAL

Avec plaisir, et qu'on m'imite. Charles, le coup de l'étrier[1].

CHARLES

Je ne refuse pas.

Ils boivent.

LE GÉNÉRAL

Victor, viens près de moi. On voudrait te faire plaisir ; on a neuf ans. Qu'est-ce qui lui ferait vraiment un grand, mais, là, un grand plaisir ?

VICTOR

Vous promettez, général ?

LE GÉNÉRAL

C'est tenu d'avance. Parole de soldat.

VICTOR

Eh bien, je voudrais jouer à dada avec vous.

LE GÉNÉRAL

Quoi ?

VICTOR

Oui, comme Henri IV. Vous vous mettez à quatre pattes, j'enfourche ma monture et on fait le tour de la table. Et qu'importe qui frappe, les ambassadeurs du roi d'Espagne peuvent attendre.

ESTHER

Oui, oui, oui, bravo, bravo !

CHARLES

Victor ! C'est stupide et insultant ; je ne permettrai pas cela.

VICTOR

Vous avez promis, général. Vous m'avez donné votre parole de soldat.

ÉMILIE

C'est intolérable. Victor, demande autre chose, voyons !

LE GÉNÉRAL

Mais c'est très gentil ce qu'on me demande là. Je ne te refuserai pas cette grâce, mon cher Victor. En selle !

Il fredonne le boute-selle[1].

Allons dragons, vite en selle
Par quatre, formez vos escadrons

CHARLES

Non, je te le défends une dernière fois.

VICTOR

Votre parole de soldat, général, ne me l'avez-vous pas donnée?

LE GÉNÉRAL

Cela me regarde, Charles. J'ai donné ma parole, je la tiendrai, et avec joie, heureux si je puis donner à Victor le goût des armes. Eh, ma chère Émilie, il a déjà la taille d'un cuirassier. À neuf ans, songez-y.

VICTOR, *appelant le général, qui s'est mis à quatre pattes.*

Cocotte, cocotte, cocotte!

Le général s'approche de Victor. Celui-ci le prend par la fourragère[1] comme par la bride. Le général se prend au jeu, et imite le cheval. Il hennit, rue, se cabre, etc. On assiste à une sorte de dressage.

VICTOR

Arrière, arrière, là, là.

Il lui donne un morceau de sucre dans le creux de la main. Le cheval se calme, Victor monte en selle.

Hue! hue!

Gêne pour tout le monde, sauf pour Esther qui se tord.

Au pas, au pas, au pas. Là. Au trot!

Il le flatte de la main.

Au galop, au galop, au galop !

Il lui donne de l'éperon.

RIDEAU

ACTE II

Le Salon.

SCÈNE I

Entre THÉRÈSE, *suivie de* CHARLES.

THÉRÈSE

Quelle vie! Quel malheur! Quels enfants! Et toi, par-dessus le marché!

CHARLES

Moi, moi. *(Accablé.)* Ah!

Un silence.

CHARLES

Parlons vite! Quelqu'un nous a surpris.

THÉRÈSE

Esther.

CHARLES

Ces enfants nous trahissent. Inconsciemment, je veux bien le croire... Comment le croire autrement?... Mais nous sommes trahis. Émilie...

THÉRÈSE

… n'a plus de doute.

CHARLES

Que va-t-il se passer ? Que devenir ? Et Antoine ?

THÉRÈSE

Antoine est fou.

CHARLES

Il l'est.

THÉRÈSE

Toi aussi. Le général, Émilie, ton gosse, tout le monde, tout le monde est fou. Et moi je n'en puis plus. Je ne puis pas rentrer. Je ne puis pas partir. Je ne puis pas rester… et je t'adore.

Elle tombe dans les bras de Charles.

CHARLES

Réso, réso, réso !

THÉRÈSE

Carlo ! quel bonheur ! quel malheur !

CHARLES

Tiens-toi, je t'en prie. Tiens-toi, Réso.

THÉRÈSE

Il y a de quoi, tiens…

Elle l'embrasse longuement sur la bouche.

CHARLES, *se dégageant.*

Assez. Pardon, mais mon petit Réso, un peu de tenue, je t'en supplie.

> *Entre Victor à pas de loup; il se cache derrière un palmier.*

SCÈNE II

LES MÊMES, VICTOR, *d'abord invisible.*

THÉRÈSE

Je n'y comprends rien.

CHARLES

Nous ne sommes pas assez prudents. C'est sûr! Sans doute ils sont très jeunes, ils ne comprennent pas, mais ils voient, ils répètent, ils nous imitent, les singes!

THÉRÈSE

La mienne... attends que nous soyons rentrés à la maison. Elle s'en souviendra, la petite garce! Je lui en flanquerai des mamours. Et le général qui voulait les marier! C'est à crever de honte!

CHARLES

En effet, c'est gênant...

THÉRÈSE

Gênant! Tu as de ces mots. Mais c'est de l'inceste pur et simple. Quand je pense...

> *Elle éclate de rire.*

Et jusqu'à notre langage dans leurs bouches.
Laisse là cette pieuvre rose…

CHARLES

Je t'en supplie, une dernière fois, Thérèse! Tout
cela t'excite et tu t'énerves. Il y a des coïncidences,
que diable! On les exploite, c'est possible, mais on
peut les détruire.

THÉRÈSE, *l'entraînant vers le divan,*
et faisant mine de le caresser.

C'est trop tard.

CHARLES

Eh bien, ne te gêne plus! Fais toutes les allusions
obscènes que tu voudras, mais je t'avertis que si tu
continues, je ne réponds plus de moi. Tant pis pour
nous, tant pis pour toi, tant pis pour tous.

Il se renverse sur elle.

VICTOR

Trop tard! *(Apparaissant.)* Vous, madame, avec
cette légèreté de guipure, et toi, mon père, cette faiblesse d'agneau, quelle touchante étoile au ciel de
mon lit tous les soirs. Après le café, seul le ronflement de la machine à coudre de ma mère. Une chemise de nuit piquée de larmes, pour la rentrée de
l'époux volage. Et moi je vous appelle «maman»
dans mes rêves. Quelquefois j'entre dans votre
salon, masqué, le revolver au poing, et je vous oblige
à lire ce passage de l'*Iliade*:

«Aie pitié de moi en souvenir de ton père,
car je suis plus à plaindre encore que lui. J'ai

pris sur moi de faire ce qu'aucun homme sur la terre n'a jamais fait, j'ai porté à ma bouche la main de celui qui a tué mon enfant[1]. »

Il se met à genoux et baise les mains de Thérèse.

CHARLES

Encore sa composition française ! Il est invraisemblable ! Mais que font le général et ta mère ? Et pourquoi Esther n'est-elle pas avec toi ?

VICTOR

J'ai rentré le général à l'écurie. Ma mère est à la lingerie, à sa place. Quant à Esther, elle finit de rire.

THÉRÈSE

Tu ne me diras pas que cet enfant ne le fait pas exprès.

CHARLES

Écoute ici, Victor.

Il le gifle.

C'est ma première gifle, tu as attendu neuf ans pour la recevoir, qu'elle te serve de leçon.

VICTOR

Donc, qu'elle m'évite d'apprendre.

CHARLES

Tu raisonnes ?

VICTOR

Comme un tambour.

Nouvelle gifle.

THÉRÈSE

Laisse-le.

VICTOR

Merci... puisque Esther aura la meilleure part !

Entre Esther.

SCÈNE III

LES MÊMES, ESTHER

VICTOR

Esther, c'est fini de rire ?

ESTHER

C'est fini, mais Dieu, que c'était drôle !

Entrent le général et Émilie.

SCÈNE IV

LES MÊMES, LE GÉNÉRAL, ÉMILIE

LE GÉNÉRAL

Il y a de ces invraisemblances. Ainsi, Antoine qui est l'homme le plus doux du monde, s'agite comme un poignard dans la main d'un mameluk, et moi qui suis fait pour la guerre, je suis aussi indifférent qu'un drapeau de gendarmerie.

CHARLES

Oh ! général, vous avez de ces métaphores !

LE GÉNÉRAL

Quoi ! Qu'est-ce que j'ai dit ? Encore le contraire de ce que je pense. Je dis toujours le contraire de ce que je pense. Mais vous êtes assez intelligent pour rectifier, mon cher Charles.

CHARLES

C'est cela, traitez-moi d'imbécile, à présent.

VICTOR

Évidemment, si vous pensez qu'il est intelligent, vous devez lui dire qu'il est complètement idiot.

LE GÉNÉRAL

Ah ! Victor, dans ce cas, tu es le plus parfait des crétins.

VICTOR

Après vous, mon général !

CHARLES

Il n'y a pas de raison pour que ce petit jeu finisse, et je vais y mettre un terme. Victor, dis bonsoir à tout le monde et va te coucher.

VICTOR

Avec qui ?

CHARLES, *exaspéré.*

Avec qui ? avec qui ? Je ne sais pas moi, avec Esther, avec ta mère, si tu veux.

TOUS

Oh !

CHARLES

C'est vrai, c'est insupportable à la fin ; tantôt c'est le secret, tantôt c'est la démence. Celui-ci ne dit pas ce qu'il pense, mais tout le contraire ; l'autre fait le singe. Je ne sais pas pourquoi tout se brise. Je ne comprends rien à toutes ces comédies. Victor a neuf ans, et me demande avec qui il peut coucher, je lui réponds : avec Esther, avec sa mère, comme je dirais avec le pape, et tout le monde se met à hurler. Enfin, que voulez-vous que je réponde ? Avec qui voulez-vous qu'il couche ?

Entre la bonne.

VICTOR

Avec la bonne.

Lili dépose le plateau et disparaît. Un long silence. Gêne.

ÉMILIE

Tu me fais rougir, Victor.

ESTHER

Moi, je veux bien coucher avec toi.

THÉRÈSE

Maintenant c'est l'autre qui s'y met. Et vous, général, voulez-vous coucher avec lui ?

LE GÉNÉRAL

Si je dis oui, vous me croirez, et si je dis non, vous croirez que je pense le contraire.

VICTOR

Quel salaud !

TOUS

Hein ! Quoi ?

VICTOR

Rien… rien… je me parle à moi-même. Je me dis
que je suis un salaud. Comment ! on fête mes neuf
ans ; tout le monde se réunit dans la joie de bénir un
si joyeux événement ; et je fais pleurer ma mère. Je
rends soucieux le meilleur des pères, j'empoisonne
la vie de madame Magneau, je provoque la folie de
son malheureux mari, je bafoue l'Armée française.
Quant à la bonne, je lui prête je ne sais quelles com-
plaisances. Jusqu'à Esther, la chère petite, que je
mêle à cette affaire immonde. Ah, mais à la fin, qui
suis-je ? Suis-je transfiguré ? Ne m'appellé-je plus Victor ? Suis-je condamné à mener l'existence honteuse
du fils prodigue ? Enfin, dites-le-moi. Suis-je l'incarnation du vice et du remords ? Ah ! s'il en est ainsi,
plutôt la mort que le déshonneur ! plutôt le sort tragique de l'enfant prodigue ! *(Il se prend la tête dans les
mains.)* Oui, ouvrez toutes les portes ! laissez-moi
partir, et tuez le veau gras pour mon vingt-cin-
quième anniversaire !

LE GÉNÉRAL

Ah, Charles ! ceci est presque une confession. Si
j'étais prêtre, je dirais cet enfant est possédé du
diable.

CHARLES

Écoutez, général, je suis un bon républicain, et il
a été toujours entendu que jamais la question reli-

gieuse ne se poserait entre nous. Mes ancêtres étaient conventionnels, mes aïeux ont fait la révolution de 48, et mon grand-père était communard. Moi, je suis radical, et j'espère que mon fils, qui n'a jamais été baptisé, et qui, je vous en fiche mon billet, ne fera pas sa première communion, ne sera jamais un calotin.

ÉMILIE

Alors que comptes-tu en faire ?

CHARLES

Un sous-préfet ? N'est-ce pas, Victor ? Un sous-préfet, hein ?

VICTOR

Non, inutile.

THÉRÈSE

Dis ce que tu veux être, mon petit. Il ne faut pas contrarier la vocation des enfants.

VICTOR

Je veux faire, dans le genre carnivore. Enfant prodigue, cela ne me déplairait pas.

ÉMILIE, *levée.*

Il me fait peur.

CHARLES

Allons donc, il se moque de nous. Qu'il aille se coucher.

ESTHER

Non, il n'ira pas se coucher. Il a toujours neuf ans, et il doit rester jusqu'à la fin de la fête. Reste, Victor. Et si tu aimes la viande, je t'en donnerai, moi.

LE GÉNÉRAL

Cette petite espiègle a raison contre nous tous. Victor est énervé. Remarquez que je ne le défends pas, mais, enfin, c'est son anniversaire, et puisqu'il aime la viande, donnez-lui de la carnine[1] Lefranc, c'est moins échauffant, et c'est souverain.

THÉRÈSE

J'en donne à Esther, entre deux dragées.

ESTHER

Oui, mais moi je suis un peu comme Victor, je préfère la carnine.

THÉRÈSE

Alors, pourquoi suces-tu les dragées?

ESTHER

Je ne les suce pas, je les croque.

CHARLES

Eh bien moi, je prétends que nous ne ferons rien de cet enfant. Je l'ai compris ce soir. Nous n'en ferons rien, ou plutôt si, nous en ferons un dévoyé, un raté, un voyou, il finira sur l'échafaud.

ÉMILIE

C'est cela, emballe-toi… Sur l'échafaud! Ah, non! quand il s'y met! D'abord il le voit dans une sous-préfecture, ensuite sous la guillotine. Viens sur mes genoux, Victor. Ton père est stupide. Il finira par te faire mal tourner. Un enfant qui remporte tous les Prix d'Excellence ! Au fond, tu es jaloux de ton fils. Oui, tu es jaloux. Tu n'as jamais été qu'un cancre, toi. Et que fais-tu aujourd'hui. Sans ton frère, tu n'aurais même pas ce poste à l'Entrepôt des Tabacs, avec le traitement duquel nous crèverions de faim si je n'avais les revenus de ma dot. Et tu veux donner des conseils à ton fils ? Et tu veux sonder l'avenir ? Ah ! tu me fais rire, tiens, tu me fais mourir de rire.

Elle éclate en sanglots.

CHARLES

Meurs, nom de Dieu ! Meurs, mais ne pleure plus.

VICTOR

Ris, ma chère maman, ris en déployant ta gorge.

CHARLES, *saisissant un vase et le brisant.*

Là, maintenant je suis content.

Il esquisse un pas de gigue.

Ça m'a calmé les nerfs. À ce régime, je n'étais pas loin de devenir comme Antoine. Pour un peu je vous aurais assassiné, général, oui, je vous aurais volontiers pris pour Bazaine.

THÉRÈSE

Oh ! je vous en prie, Charles, mon mari ne mérite pas...

CHARLES

Toi, hein... Oh, pardon, Thérèse ! Mais comprenez qu'il est impossible de vivre, toute une soirée ainsi. Il faudrait un miracle. On ne peut pas se séparer. On ne peut pas se coucher. On ne peut pas laisser cet enfant seul. Sitôt rentré dans la chambre... c'est une scène, si tôt rentrée chez vous... Antoine est peut-être encore déchaîné. Pouvons-nous garder Esther ? Pouvons-nous la confier au général ? Lonségur, la stratégie, ça vous connaît. Trouvez quelque chose... je ne sais pas moi ! n'importe quoi. Et, s'il le faut, allez cherchez un canon...

LE GÉNÉRAL

Un canon ! comme vous y allez...

ESTHER, *prend le képi du général, le met sur sa tête et chante en dansant.*

> Dansons la carmagnole,
> Vive le son, vive le son !
> Dansons la carmagnole,
> Vive le son du canon[1].

Tout à coup, au milieu du désordre général, entre une femme d'une grande beauté, en robe du soir.

VICTOR, *criant.*

Le miracle !

Il saute des genoux de sa mère.

SCÈNE V

LES MÊMES, IDA MORTEMART

IDA MORTEMART

Tu ne me reconnais pas ?

ÉMILIE

Non.

IDA

Regarde-moi.

ÉMILIE

Vous êtes ici chez madame Paumelle.

IDA

Moi je m'appelle Ida, n'es-tu plus Émilie ?

ÉMILIE

J'ai connu trois Ida dans ma vie. La première...

IDA

Moi, je suis la dernière, sans doute. Je m'appelle Ida Mortemart[1].

ÉMILIE

Ida Mortemart !

IDA

J'avais sept ans...

ÉMILIE

J'en avais...

IDA

... tu en avais treize.

ÉMILIE

Assieds-toi. Excuse-nous... Je ne pouvais pas deviner. Comment t'aurais-je reconnue ?

IDA

Moi, je t'ai reconnue tout de suite.

ÉMILIE

Il y a si longtemps. Assieds-toi. Oh, pardon ! Que je fasse les présentations. Le général Étienne Lonségur, madame Magneau, sa petite fille Esther, mon mari, monsieur Paumelle, et mon fils Victor. Assieds-toi.

Ida s'assied. Un grand silence.

IDA

C'est étrange, n'est-ce pas, de se rencontrer ainsi.

ÉMILIE

Comment de se rencontrer ? Mais tu viens chez moi, il est à peu près naturel que tu m'y trouves.

IDA

Je ne venais pas chez toi.

ÉMILIE

Quoi ?

IDA

Non, j'allais chez madame Paumelle.

ÉMILIE

Eh bien, ne suis-je pas madame Paumelle ?

IDA

Non. Ou plutôt si, puisque tu viens de me l'apprendre. Mais tu n'es pas celle que j'allais voir.

Tous se regardent inquiets.

ÉMILIE

Tu veux dire que tu croyais trouver la petite fille
que tu as connue. Enfin, tu ne me savais pas mariée.

IDA

Non. Je l'ignorais. Mais ce n'est pas toi que je voulais voir. Madame Paumelle est mon amie de dix
ans. Elle a épousé monsieur Paumelle il y a quelques
années. Ils habitaient autrefois boulevard Pasteur, ils
habitent maintenant rue Lagarde.

CHARLES

Mais, madame, vous êtes bien ici rue Lagarde.

IDA

Vous allez comprendre. Je savais, puisqu'ils me
l'avaient écrit, qu'ils habitaient en effet rue Lagarde.
Mais j'ai brûlé leur lettre par distraction. Ne me souvenant plus du numéro, j'ai demandé au premier
fruitier venu, et il m'a indiqué *ta* maison. Je te rencontre *toi*, Émilie, mon amie d'il y a plus de vingt
ans, au lieu de *madame Paumelle*, mon amie intime
d'aujourd'hui.

ÉMILIE

C'est extraordinaire. Il y a donc deux mesdames
Paumelle dans la même rue.

IDA

Oui, et qui s'ignorent, et qui habitent peut-être
face à face.

LE GÉNÉRAL

C'est inouï !

CHARLES

Eh bien, madame, si un auteur dramatique s'était servi de ce stratagème pour vous faire apparaître ici, et, à ce moment, on eût crié à l'invraisemblance.

IDA

On aurait eu raison. Ce n'est pourtant que la simple vérité.

ÉMILIE

À quel fruitier as-tu demandé le renseignement?

IDA

À celui du coin de la rue de l'Arbalète et de la rue Lagarde.

ÉMILIE

C'est un comble. Nous ne nous servons chez lui que depuis trois jours.

THÉRÈSE

C'est miraculeux.

Un silence.

LE GÉNÉRAL

Oui. Et, figurez-vous, madame, qu'on me demandait un canon.

IDA

Un canon!

Elle pète. Moment de stupeur et de gêne. On croit avoir mal entendu. Ida rougit jusqu'au front. Esther ne peut réprimer un éclat de rire.

Sa mère l'attire à elle et la calme. Victor ne bronche pas.

LE GÉNÉRAL

Oui, un canon. Mais c'était une plaisanterie, n'est-ce pas?

IDA, *qui ne comprend pas, qui ne peut pas comprendre.*

Non, monsieur, c'est une infirmité.

Longue gêne. Ida se cache la tête dans les mains.

IDA

Quelle confusion! quelle honte!

ÉMILIE

Ma chère amie, ma chère Ida, que se passe-t-il? Qu'as-tu? Es-tu malheureuse? Que puis-je comprendre. Je ne te connais pas. Nous nous sommes quittées si petites.

IDA

Je ne puis pas, je ne puis pas.

Elle pète. Même jeu.

IDA

Pardon, pardon, excusez-moi. C'est atroce, je ne puis pas me retenir. C'est une maladie terrible. Comment vous expliquer? Une émotion violente, il n'en faut pas plus à certaines heures. Savais-je que je te rencontrerais, et je ne puis rien contre ce besoin immonde. Il est plus fort que tout. Au contraire, il

suffit que je veuille, que je fasse un effort pour qu'il
me surprenne et se manifeste de plus belle.

> *Elle pète longuement.*

Je me tuerai, si cela continue, je me tuerai.

> *Elle pète encore.*

LE GÉNÉRAL, *à part.*

Quelle histoire !

> *Les rires fusent.*

IDA

Riez ! riez ! je le sais bien, allez, on ne peut pas
s'empêcher d'en rire. Je ne vous en veux pas. Riez
donc ! Il n'y aura après ni gêne de votre côté, ni
gêne du mien. Cela nous calmera tous. J'ai l'habi-
tude. Il n'y a qu'un remède, c'est le rire.

> *Ils rient de toutes leurs forces pendant*
> *qu'elle pète toujours, la tête dans ses mains.*
> *Graduellement les rires s'arrêtent. On atten-*
> *dra que ceux de la salle s'arrêtent aussi pour*
> *continuer la scène.*

IDA, *se levant.*

Pourtant, je suis belle, je suis aimée, et je suis
riche. J'ai quinze immeubles à Paris, un château
dans le Périgord, une villa à Cannes. J'ai quatre
automobiles, un yacht, des diamants, des perles, des
enfants. J'ai un mari, le banquier Théodore Mortemart, et personne n'a rien à m'envier, sauf le pétomane de l'Eldorado[1].

> *Elle pète. Les rires se font de plus en plus*
> *rares. Ida se replonge la tête dans les mains.*
> *Un long silence.*

Je vous demande de m'excuser, et aussi la permission de me retirer.

VICTOR, *avec éclat.*

Non, non, ne partez pas, madame.

ÉMILIE

Ne pars pas encore, reste avec nous. Nous fêtons les neuf ans de mon fils. Reste, je t'en prie. Toutes les boutiques sont fermées à présent, toutes les portes, et tu ne trouveras pas l'autre adresse.

Ida qui s'était levée se rassied.

IDA

Je vous ai dérangés, vous étiez heureux. Je suis arrivée là comme une intruse. La bonne aurait dû m'accompagner. Quelle triste et pénible apparition.

CHARLES

Au contraire, madame, avant votre arrivée nous étions bouleversés. Tenez, voyez! il y a des vases en morceaux, des couteaux sur la cheminée, des meubles désordonnés qui trahissent des luttes dont, après tout, nous ne saurons jamais les causes. Nous parlions de tout faire sauter.

LE GÉNÉRAL

Mais, ne peut-on rien faire pour vous guérir de ces... de ces... enfin de cette chose

Elle pète.

IDA

Si, général, autant que possible n'en plus souffler mot.

Silence.

Il serait naturel de raconter ma vie de A à Z. Tu connais A, vous connaissez Z.

VICTOR

Nous connaissons P. *(Gêne.)* Votre pâleur, votre peine, vos perles, vos paupières, vos pleurs, votre privilège. Nous connaîtrons votre passage. Vous favorisez les combinaisons. Dans un monde plus avancé, vous vous nommeriez mousse de platine. Oh, catalyseuse! Qu'importent ces débordements sulfureux, quelques mauvaises passions peuvent en mourir, quelques carbones précieux aussi. Vous tombez parmi nous comme un bijou dans le mercure. Je plains celui qui devra en payer les conséquences fatales, le coupable des pots cassés.

IDA

Vous dites?

CHARLES

Ne l'écoutez pas, madame, il parle aux anges[1].

VICTOR

Remerciez-le, madame, il ne sait pas ce qu'il dit.

CHARLES

Je devrais le gifler.

LE GÉNÉRAL

Giflez-le donc, à la fin!

> *Le père lève la main et la tient suspendue un instant; il la laisse tomber, découragé!*

VICTOR

Général, votre sabre est rouillé et vous puez.

LE GÉNÉRAL

Madame Paumelle, votre fils est perdu.

VICTOR

Maman, tu es enceinte d'un enfant mort.

ÉMILIE

Victor ! Victor ! que veux-tu dire, que j'ai mal au ventre ?

CHARLES

Il faut comprendre, je veux comprendre.

VICTOR

Il faut sentir, papa.

IDA

Victor, venez sur mes genoux. Venez aussi, Esther.

Victor s'assied sur les genoux d'Ida.

ESTHER

Non, non, j'ai peur de cette femme. J'ai peur de cette sale femme qui pète tout le temps et qui ressemble à une chienne. Je m'en vais[1].

Elle s'enfuit dans le jardin.

THÉRÈSE

Vous me le paierez, vous, voleuse d'enfants !

Elle sort. On l'entend crier dans le jardin.

THÉRÈSE

Esther! Esther!

CHARLES

Je sors aussi. Cette petite est capable de tomber
dans le bassin.

ÉMILIE

Se noyer! Dieu du Ciel!

> *Elle sort en courant. — Le général la suit
> en riant bruyamment et en se tapant sur les
> cuisses.*

SCÈNE VI

VICTOR, IDA

IDA

Qu'ai-je fait?

VICTOR

Elle a de qui tenir, son père est fou.

IDA

Ah?

Un temps.

VICTOR

Je suis bien sur vos genoux.

IDA

Assieds-toi mieux.

VICTOR

J'ai dit sur vos genoux ; mais enfin, c'est sur vos cuisses que je suis assis.

IDA

Tiens, c'est vrai, les expressions sont mal faites.

Un temps.

IDA

Et tu as neuf ans aujourd'hui. Neuf ans seulement ?

VICTOR

Au fait, ai-je neuf ans ? Je n'ai été initié à la notion d'âge qu'à mon quatrième anniversaire[1]. Il a donc fallu quatre ans pour qu'on me persuade du retour périodique du 12 septembre. Peut-être pourrait-on me prouver un jour qu'il a fallu cent ans. Oui, rien ne s'oppose à ce que j'aie plus de cent ans.

IDA

Que dis-tu ?

VICTOR

Je dis que j'ai peut-être cent cinq ans.

IDA

On ne vit pas si vieux, il faudrait que tu meures.

VICTOR

Et ma mort ne prouverait même pas que je les aurais. On meurt à tout âge. D'ailleurs, il est bien possible que je meure bientôt, pour entretenir le doute, pour me donner raison, par courtoisie.

IDA

Assieds-toi un peu plus haut. Tu glisses et tu vas
tomber.

VICTOR

Voilà. Vous aviez raison, je suis beaucoup mieux
ainsi.

Un temps.

IDA

Écoute, Victor, il vaudrait mieux que je parte sans
attendre qu'ils reviennent. Je ne me sens pas bien, et
tu m'excuserais.

VICTOR

Oui, maintenant... Mais restez encore un moment.
Nous les entendrons revenir et s'il vous plaît alors,
vous partirez.

IDA

Soit.

*Un temps. — Victor l'embrasse dans le cou
à plusieurs reprises, lentement.*

VICTOR

Vous devriez me dire quelque chose encore, pendant qu'on cherche Esther.

IDA

Oui.

VICTOR

Je suis amoureux.

IDA

Comment ?

VICTOR

J'aime.

IDA

C'est impossible !

VICTOR

Dites que ce n'est pas avouable. Je me confesse à vous parce que vous partirez et que je ne vous verrai plus. Mais je vous jure que c'est vrai : je suis amoureux.

IDA

Mais tu ne peux pas.

VICTOR

Non, je ne peux pas faire l'amour. Aussi, avant de me quitter, dites-moi ce que c'est. Je sais tout sauf cela. Et je ne voudrais pas mourir... n'est-ce pas, on peut mourir à tout âge... je ne voudrais pas mourir sans savoir.

IDA

Mais de qui es-tu amoureux, pauvre gosse ?

VICTOR

Je ne le dirai pas. Madame, dites-moi comment vous faites.

IDA

Je ne sais pas, mon petit.

VICTOR

Comment? vous ne savez pas? Si, vous savez.
Dites-le-moi.

> *Ida hésite, puis elle se penche sur l'oreille de*
> *l'enfant et lui parle longuement à voix basse;*
> *pendant qu'elle parle on entend des cris dans*
> *le jardin.*

Oh! oh! — Où êtes-vous? — Approchez, Thérèse. — Approchez. — L'avez-vous trouvée? — Oui,
elle est dans le coffre, dans le coffre à charbon. —
Elle respire? — Elle respire. — Comme ses dents
sont serrées. — Ouvrez-lui les yeux. — Elle a du sang
sur sa robe. — Est-elle blessée? — Non, non, ce ne
sont pas des blessures, ce sont ses ongles. — Une
crise? — Une crise? Alors c'est la première. — Je
vous jure que c'est bien la première[1].

> *Les voix se rapprochent. Ida embrasse Vic-*
> *tor, se lève, et se dirige rapidement vers la*
> *porte de sortie.*

VICTOR

Merci, merci madame. Mais vous m'avez menti.
Pourtant, faites-moi encore une grâce, la dernière.

IDA

Oui.

VICTOR, *ricanant.*

Je voudrais que vous pétiez pour moi.

> *Ida pousse un grand cri et disparaît; elle*
> *revient aussitôt, et dans l'embrasure de la*
> *porte crie à Victor:*

IDA

Monstre ! monstre ! Tu te présenteras de ma part
demain aux Magasins du Louvre, rayon des jouets. Il
y aura pour toi une petite carabine, une petite carabine à balles.

> *Elle disparaît.*
> *Entrent le général, Charles portant Esther*
> *sur ses bras, Thérèse éplorée et Émilie. On*
> *dépose en silence Esther sur un divan. Sa robe*
> *est déchirée, ses bras ensanglantés, elle bave.*

SCÈNE VII

VICTOR, LE GÉNÉRAL, CHARLES,
ESTHER, THÉRÈSE, ÉMILIE

VICTOR

Madame Mortemart, avant de partir, m'a prié de
l'excuser auprès de vous.

THÉRÈSE

Ah ! elle est partie, celle-là. Ce n'est pas dommage.
Viens voir ce qu'elle a fait d'Esther.

VICTOR

Évidemment la pauvre petite est morte.

CHARLES

Mais non, elle n'est pas morte. Elle a eu une crise.

ÉMILIE

Oui, ce ne sera rien.

LE GÉNÉRAL

Et tenez, elle ressuscite, là, là, doucement.

THÉRÈSE

Esther, mon petit, ma petite fille.

ESTHER

Maman ! Maman !

CHARLES

Ah ! comme tout cela est pénible !

VICTOR

Je me demande ce que je pourrais bien dire ?

CHARLES

Mettez-lui de l'eau sur la tête.

ÉMILIE

Et du vinaigre sur les tempes.

THÉRÈSE

Tire la langue, ma chérie, tire la langue.

LE GÉNÉRAL

Déboutonnez-la, déboutonnez-la, facilitez la respiration.

CHARLES

Allons, elle se remet, elle se remet...

Entre Lili.

SCÈNE VIII

LES MÊMES, LILI

LILI

Oh ! qu'est-il arrivé ? La pauvre petite !

ÉMILIE

Rien, rien de grave, Esther a eu une syncope.

LILI

Vous permettez ?

> *Elle gifle Esther à deux reprises. Esther se lève.*

LILI

Et voilà...

VICTOR

Pauvre Esther. Pour la punir, pour la guérir, c'est toujours le même tabac.

ESTHER

Où est la femme qui pue ?

ÉMILIE

N'aie pas peur, ma petite fille, n'aie pas peur, Victor l'a tuée.

ESTHER

C'est vrai, Victor ?

VICTOR

Oui, ma petite Esther. Je l'ai prise par la taille, je lui ai mangé les oreilles, je l'ai jetée sur le parquet, j'ai jeté ses perles aux pourceaux, et après l'avoir fessée, je l'ai noyée dans le lavabo.

Rires.

ESTHER

Bravo! bravo, Victor! Comme je regrette d'avoir été malade. J'aurais voulu voir cela. Surtout les oreilles... Es-tu sûr au moins qu'elle est bien morte?

VICTOR

Je te le jure. Elle a poussé un grand cri. Elle a rendu l'âme.

ESTHER

C'est tout ce qu'elle a rendu?

LE GÉNÉRAL

Cette enfant est insatiable. Mais, ma petite Esther, elle ne pouvait pourtant pas nous rendre l'Alsace et la Lorraine[1].

Entre Antoine, très excité. Sort Lili.

SCÈNE IX

VICTOR, LE GÉNÉRAL, CHARLES, ESTHER, THÉRÈSE, ÉMILIE, ANTOINE

ANTOINE

Ah! vous êtes encore là. Eh bien, habillez-vous, et décanillons[2]!

CHARLES

Quoi?

ANTOINE

Je ne vous parle pas. Vous êtes un salaud, une ordure, un triste sire, vous entendez. Ne me demandez pas d'explications, ou vous m'en fournirez vous-même. Crapule!

CHARLES

Antoine!

ANTOINE

Il n'y a pas d'Antoine. Si vous insistez je vous casserai la gueule! Vous entendez, la gueule!

CHARLES

Mais c'est de la folie.

ANTOINE

Oui, je suis fou, et après? *(À Thérèse.)* Allez, toi et la gosse, en route, et adieu. Adieu à tout le monde. Encore heureux que je ne vous massacre pas tous!

> *Il entraîne sa femme et sa fille vers la porte. Tout le monde est atterré; mais Antoine reparaît tout à coup, suivi de Thérèse et d'Esther.*

ANTOINE, *à Charles.*

Espèce d'idiot. Il ne comprend rien à la plaisanterie. Hein? Était-ce réussi? Était-ce joué?

CHARLES

Ah, celle-là. Eh bien, mon vieux. Ah, non, par exemple!

ANTOINE

Non, mais, était-ce joué ? Était-ce ça, hein ? Allons, avouez que je vous ai flanqué une de ces frousses ?

Il éclate de rire.

TOUS

Ah, oui, je n'en reviens pas. — Mais aussi... — C'était si bien joué, etc. — Il faut s'attendre à tout. — Quelle heure est-il ? — Il est tard. Vous avez bien le temps. — Il faut que je rentre. — Alors, bonsoir, bonne nuit. — Embrassez-vous. — Bonsoir, général, — Bonsoir — Bonsoir. Merci, — Merci. — Bonsoir.

ESTHER, *qui sort la dernière.*

Tu as manqué papa, une femme est venue, qui pétait, qui pétait... Victor l'a tuée... Il lui a mangé les oreilles...

Antoine, le général, Thérèse et Esther sont sortis.

SCÈNE X

VICTOR, ÉMILIE, CHARLES

ÉMILIE

Victor, nous avons des comptes à régler.

CHARLES

Ah, non, assez pour ce soir ! demain...

ÉMILIE

Soit, demain, mais nous les réglerons.

VICTOR

Bonsoir, papa. Bonsoir, maman. Bonne nuit.

Il sort.

SCÈNE XI

ÉMILIE, CHARLES

ÉMILIE

Nous aussi, nous avons de sérieux comptes à régler.

CHARLES

Oui, eh bien, demain. Demain, n'est-ce pas. *(Se montant.)* Demain, ou je ne réponds plus de moi.

ÉMILIE

Soit.

CHARLES

Où est *Le Matin*?

ÉMILIE

Sur la cheminée.

CHARLES

Merci.

ÉMILIE

Alors, tu as l'intention de lire?

CHARLES

Oui, ça t'ennuie?

ÉMILIE

Oui.

CHARLES

Bien, alors je lirai à haute voix.

ÉMILIE

J'aime mieux ça. D'abord je suis nerveuse, et ça
me calmera.

CHARLES

Parfait. Je peux commencer.

ÉMILIE

Commence*.

CHARLES

PEARY[1] RACONTE SON ARRIVÉE
AU PÔLE ET LANCE UN DÉFI
INJURIEUX À COOK
TRENTE HEURES AU 90e DEGRÉ

Peary s'y est promené, y a pris
des instantanés et fait des
observations ; mais il
n'y a pas dormi

ÉMILIE

Je m'en moque.

---

* Toute cette scène sera écourtée au théâtre, et le journal devra
être parcouru rapidement. Le feuilleton seul sera lu distincte-
ment. *(N.D.L.A.)*

CHARLES

Bon, alors autre chose...

SOMMER PASSE
une revue en aéroplane[1]

Heu... heu... je te lirai l'essentiel. Ah !

Au moment du défilé, je reprends mon vol; je passe au-dessus de la ligne des troupes et, poussé par un bon vent, je file en descendant au-dessus de la campagne très accidentée. J'essuie un fort coup de vent au-dessus des bâtiments des salines. Je suis à 50 mètres et ma vitesse est foudroyante. Je fais bien du 80 à l'heure. Mon moteur est merveilleux de régularité.

ÉMILIE

Assez.

CHARLES

Bien. Ah, ça c'est rigolo !

Pas de Polka

Pour avoir raté la Polka des Bébés le commandant de Cayenne faillit être révoqué

Singulière histoire du bagne

ÉMILIE

C'est passionnant.

CHARLES

Enfin, que veux-tu, moi je n'y suis pour rien. Je ne suis pas journaliste. Ah, ceci t'intéresse.

Stéphane LAUZANNE, Rédacteur

PROTÉGEONS CELLES
qui doivent être mères !

Partout, en France, les statisticiens dénoncent le péril de la dépopulation, et les hygiénistes leur répondent en disant : « Protégeons l'enfance ! » Ne serait-il pas aussi juste et aussi sûr de proclamer : « Protégeons celles qui doivent être mères ! »

Si le public est aujourd'hui bien mis en garde contre les ravages sociaux de « l'avarie[1] », il est certainement moins prévenu contre une autre maladie infectieuse, « la petite avarie », qui s'en distingue complètement. Plus répandue,

ÉMILIE

Oh, non, non, non ! je n'ai pas ces maladies honteuses, tu es dégoûtant, à la fin.

CHARLES

Passons, passons, mais ne te mets pas en colère, je t'en supplie, pas avant demain. Ah ! on a arrêté l'anarchiste Ferrer[2].

ÉMILIE

Tant mieux. Enfin, lis-moi un crime[1]. Y a-t-il un crime, il y a bien un crime?

CHARLES

Non, il n'y a pas de crime. Et puis je ne lirai pas de crimes. Tu les liras seule.

ÉMILIE

Bon, je me retiens... Je me retiens... Tu remarques que je me retiens, n'est-ce pas?

CHARLES

Et je t'en suis très reconnaissant. Au fait, et le feuilleton; j'allais oublier le feuilleton. «Une grande dame.»

> *Pendant qu'il lit, la scène décrite par le romancier se réalise entre Charles et la mystérieuse visiteuse. Émilie sanglotera jusqu'à la fin.*

SCÈNE XII

LES MÊMES, *puis* LA GRANDE DAME

FEUILLETON DU « MATIN »
DU 12 SEPTEMBRE 1909

30

Les Hommes de l'Air

Roman de Sport et d'Amour

PAR

Hugues LE ROUX[1]

TROISIÈME PARTIE

Un secret d'État

IV

UNE TRÈS GRANDE DAME

Ledit verrou poussé sur la chambre de Le Briquire, l'heureux Boule vola plus qu'il ne marcha vers la porte que heurtaient toujours des doigts légers. Et la vision qui lui apparut le laissa les yeux écarquillés.

La grande dame n'avait pas un album de pensées sous le bras, mais un minuscule petit loup de velours noir sur les yeux et, sur les épaules, un peignoir qu'elle laissa s'entr'ouvrir, au moment où elle entrait dans la chambre, de façon à découvrir la naissance d'une gorge capiteuse.

De la sorte, l'homme fort, décidément transporté, eut tout à la fois le spectacle d'un bras rond et nu qui sortait du peignoir pour repousser la porte entre-bâillée, d'une chevelure d'or qui se tordait à la nuque de la grande dame comme un bouquet d'épis, et d'une pudeur plus délicieuse que toutes les provocations, puisqu'elle poussa cette belle personne à se jeter contre la poitrine de l'athlète comme une gazelle poursuivie qui s'enfonce dans un taillis.

RIDEAU

ACTE III

La chambre à coucher.

Au lever du rideau la scène est vide. Entre Charles, *Le Matin* à la main. Aussitôt entré, il jette rageusement le journal, et s'étend tout habillé sur le lit.

SCÈNE I

CHARLES, *puis* ÉMILIE.

CHARLES PAUMELLE, *allongé.*

Quelle vie ! Ricane, ricane, imbécile ! Ah ce soir, j'en ai bu une fière gorgée ! Quels lapins ! Quels singes ! Quel miracle ! Petit, petit…, petit… *(Il imite le bruit des pets et éclate de rire.)* Ah, non ! *(Déclamant.)* Ida Mortemart, croupissant comme la mer Morte. Ah ! les bulles… et ça crève ! Ida, dada[1]. Ida, dada, Morte ? Mortemart ? J'en ai marre, marre, marre, marre…

> *Entre Émilie Paumelle un mouchoir à la main, les yeux rouges.*

ÉMILIE

Quoi ?

CHARLES

Quoi?

ÉMILIE

Rien.

CHARLES

Rien.

> *Un temps. Charles saute du lit et se met à chanter en dansant autour de sa femme.*

CHARLES

> Viens poupoule,
> Viens poupoule, viens[1]...

> *Il essaie de l'embrasser.*

ÉMILIE

Ah, non! pas ce soir.

CHARLES

Zut! Je m'en fiche.

ÉMILIE

Quel homme!

> *Charles se recouche sur son lit.*

ÉMILIE, *qui commence à se déshabiller.*

Tu as l'intention de passer la nuit?

CHARLES

Oui, je vais travailler.

ÉMILIE

Travailler ? Et à quoi, mon Dieu !

CHARLES

Je vais faire de la menuiserie.

> *Émilie hausse les épaules et continue à se déshabiller. Elle passe derrière le paravent.*

ÉMILIE, *invisible.*

Je t'en supplie. Couche-toi, Charles.

CHARLES

Je suis couché.

ÉMILIE

Déshabille-toi, voyons. N'es-tu pas fatigué ?

CHARLES

Il faut que je travaille.

ÉMILIE

Couché ?

CHARLES

Je vais faire de la menuiserie.

> *Il se lève et sort. Émilie est toujours derrière le paravent et sanglote. Charles rentre avec une boîte à outils. Il l'ouvre, en tire un marteau, des clous, un rabot, une scie, etc. Il se met à raboter le bois du lit.*

ÉMILIE, *apparaît en toilette de nuit.*

Charles! Es-tu devenu complètement fou? Tu rabotes ce lit, à présent.

CHARLES

Oui, je rabote ce lit.

ÉMILIE

Il est fou! Il est complètement fou!

> *Elle se jette sur l'autre lit et éclate en san-*
> *glots. Charles, après avoir enlevé son veston,*
> *continue son travail consciencieusement, en*
> *chantant. Il emploie tantôt la scie tantôt le*
> *marteau et les clous, mais toujours avec une*
> *irritante lenteur.*

CHARLES

Frappe, frappe, pour la défense
De ton pipi, de ton papa.
Il faut son épée à la France,
Il faut son fusil au soldat!

> *Soudain la mère se dresse et bondit comme*
> *un chat sur le dos de Charles. Charles d'un*
> *coup d'épaule s'en débarrasse. Émilie tombe,*
> *ramasse un marteau et se rue sur Charles*
> *le bras levé. Charles la maîtrise, lui arrache le*
> *marteau des mains et la porte sur le lit. Puis,*
> *minutieusement, il range les outils dans la*
> *boîte.*

CHARLES

Là, assez travaillé pour ce soir. Demain je répa-rerai l'armoire à glace. *(S'approchant d'Émilie.)* Il

me semble que tu as essayé de me tuer, tout à
l'heure ?

ÉMILIE

Je ne sais pas.

CHARLES

Tu es tout excusée, Émilie. Mais ne recommence
pas, sinon je me verrai dans la pénible obligation de
te faire engendrer un nouveau petit Victor.

ÉMILIE

Victor ! *(Elle sanglote.)* Ne me parle pas de Victor.
Non, Charles, pas ce soir, tu l'as dit toi-même, pas ce
soir ! Je t'en supplie ! Je suis si fatiguée, si triste, je ne
sais plus où nous sommes, ce que tu fais, ce que je
fais...

CHARLES

Est-ce la faute de Victor ?

ÉMILIE

Je ne sais pas.

CHARLES

Est-ce la mienne ?

ÉMILIE

C'est la mienne, Charles. Je jure que c'est la
mienne. Mais, pour l'amour du Ciel, dormons !

CHARLES

Facile à dire.

*Pendant toute la scène, Charles s'est désha-
billé, et s'est mis en pyjama. Émilie s'est couchée. Charles va l'embrasser.*

CHARLES

Bonne nuit, Émilie, fais de bons rêves.

ÉMILIE

Bonne nuit, Charles. Pardonne-moi. Et jure-moi
de ne plus parler de toute la nuit.

CHARLES, *avec emphase.*

Je te demande pardon.

*Charles se couche et éteint la lumière. Un
long silence.*

ÉMILIE, *appelant.*

Charles !

CHARLES

Quoi ?

ÉMILIE

As-tu fermé la porte.

CHARLES

Oui.

*Tout à coup la bonne entre, un bougeoir à
la main.*

SCÈNE II

LES MÊMES, LILI

LILI

Madame a sonné?

ÉMILIE

Je ne crois pas.

LILI

Je croyais que Madame avait sonné... Madame et Monsieur n'ont besoin de rien?

CHARLES

Avez-vous fermé la porte?

LILI

Quelle porte?

CHARLES

Allez vous coucher, vous êtes trop bête.

LILI

Madame ne devrait pas laisser Monsieur me parler ainsi.

ÉMILIE

Allez vous coucher.

LILI

Quelle maison!

CHARLES

Vous dites?

LILI

Je dis que la porte est fermée, mais je ne sais pas laquelle.

Elle sort.

SCÈNE III

CHARLES, ÉMILIE

ÉMILIE

Elle aussi!

Un long silence. Tous deux semblent s'être endormis.

CHARLES, *se levant.*

Moi, c'est bien simple, je ne peux pas dormir.

Il se rhabille en parlant seul et en s'échauffant jusqu'à la fin, où il éclate.

CHARLES, *il hurle en détachant les syllabes.*

JE NE PEUX PAS DORMIR. Je ne peux pas... Je ne peux pas... Je ne peux pas DORMIR. Dormir? Je ne peux pas. Je ne peux pas. Je ne peux pas.

Se parlant à lui-même.

Assez.

Se répondant.

Soit. Assez. Mais je ne peux pas dormir.

ÉMILIE

As-tu fini, Charles ?

CHARLES

Bidet, réponds à madame, moi j'ai juré de ne pas lui parler durant toute la nuit.

ÉMILIE

Ah, c'est ainsi. Eh bien moi aussi, je vais parler, je vais crier.

Elle crie de toutes ses forces.

Je vous salue Marie, pleine de grâce
Le Seigneur est avec vous, etc.

Soudain, elle s'interrompt et retombe sur l'oreiller en pleurant bruyamment.

CHARLES

Pleure, Émilie, ça soulage. Pleure, pleure.

Il s'approche d'elle, lui caresse les cheveux, et lorsqu'elle est calmée, lui dit brusquement.

CHARLES

Eh bien, oui, Thérèse est ma maîtresse.

ÉMILIE, *d'une voix lointaine.*

Je le sais. Je le savais.

CHARLES

Antoine est cocu.

ÉMILIE

Moi aussi.

CHARLES

Je vais te raconter.

ÉMILIE, *s'asseyant sur le bord du lit.*

Je t'écoute.

CHARLES, *déconcerté.*

Tu ne me crois pas?

ÉMILIE

Non.

CHARLES

Tu ne veux pas croire que Thérèse est ma maîtresse?

ÉMILIE

Mais si.

CHARLES

Alors, pourquoi veux-tu m'écouter?

ÉMILIE

Pour me distraire. Je suis si triste, ce soir. Si triste.

CHARLES

Elle est stupide.

ÉMILIE

Mais, puisque tu as raison.

CHARLES

Raison. Ai-je raison? Ah, tu parles de ma raison, tu veux parler de ma raison. J'oubliais. C'est vrai.

Antoine est fou. Moi j'ai ma raison. J'ai raison. Tu es fine.

ÉMILIE

Et attentive. Je t'écoute.

On frappe à la porte.

CHARLES

Qui est là?

VICTOR, *derrière la porte.*

C'est moi, Victor!

CHARLES

Que veux-tu?

VICTOR

Je veux entrer.

CHARLES

Eh bien, entre!

Entre Victor.

SCÈNE IV

CHARLES, ÉMILIE, VICTOR

VICTOR

Je viens parce que je ne peux pas dormir.

CHARLES

Quoi?

VICTOR

Je viens parce que je ne peux pas dormir. Et je ne peux pas dormir, premièrement parce que je suis malade, et deuxièmement parce que vous faites trop de bruit.

ÉMILIE

Tu es malade ?

VICTOR

... et parce que vous faites trop de bruit.

CHARLES

Nous faisons le bruit qu'il nous plaît de faire.

VICTOR

Et je suis malade.

CHARLES

Où as-tu mal ?

VICTOR, *montrant son ventre.*

Là.

ÉMILIE

Tu as mal au ventre ?

CHARLES

Qu'il aille au cabinet, s'il a mal au ventre.

ÉMILIE

On peut avoir mal au ventre, sans avoir besoin de faire caca.

CHARLES

Passe à la cuisine, bois un verre d'eau, couche-toi sur le dos, et respire longuement, ça passera. Bonsoir. Allez, viens nous embrasser, et au lit !

Victor ne bouge pas.

CHARLES

As-tu entendu ?

VICTOR

J'ai très mal au ventre, ne faites pas trop de bruit, parce que vous m'empêchez de dormir, et je n'ai pas sommeil. Alors je m'ennuie et puis, j'ai peur que vous finissiez par vous tuer, à force de remuer les meubles. Quelquefois on croit tirer dans une glace, et voilà que c'est par la porte vitrée. Et comme ici les fenêtres sont à niveau d'homme, et avec votre sacrée manie de mettre le revolver à côté du pot de chambre. Le ciel de lit pourrait bien se détacher un jour ; ceci dit pour ne pas en dire davantage. Et l'enfance est toujours coupable de nos jours. La Sainte-Enfance !

Il sort le doigt levé.

SCÈNE V

CHARLES, ÉMILIE

CHARLES

Ma parole, mais c'est de la provocation au meurtre. Il veut absolument que... au fait, que veut-il ?

ÉMILIE

Dormir. Tu l'as entendu; il a dit qu'il voulait dormir.

CHARLES

Émilie, écoute! Raisonnons froidement. Soyons calmes. Mesurons une fois pour toutes la portée de nos actes. Pesons exactement le sens des mots et, si tu le veux, si nous le pouvons, recueillons-nous quelques instants.

Un long silence.

ÉMILIE

Eh bien?

CHARLES

Eh bien, si nous ne dormons pas, j'ai l'impression que, ce soir, il va arriver un malheur. Que je vais te tuer, que tu vas me tuer. Je ne sais pas. Enfin, je sens la mort. Je la sens. Elle est là. Là, à portée de la main.

Il tourne autour de la chambre en s'échauffant de plus en plus.

Je la sens, tiens, comme la sueur qui me couvre les mains.

Il prend un flacon d'eau de Cologne et le brise.

ÉMILIE, *essayant de plaisanter.*

Elle sent l'eau de Cologne, ta mort.

CHARLES

Ah non, ne plaisante pas, Émilie, ne plaisante pas — ou...

Il ouvre le tiroir de la table de nuit, prend le revolver, met en joue sa femme puis ouvre brusquement la fenêtre et jette l'arme dans le jardin.

ÉMILIE

Veux-tu que je descende le chercher?

CHARLES, *la tête dans les mains.*

C'est Victor! C'est Victor! C'est Victor!

Tout à coup on entend une détonation au-dehors.

ÉMILIE

As-tu entendu?

CHARLES

Qu'est-ce que c'est?

Il ouvre la fenêtre.

CHARLES, *à la fenêtre.*

Qu'est-ce qu'il y a? Qui êtes-vous? Que voulez-vous?

UNE VOIX, *au-dehors.*

C'est un pneu, monsieur, un pneu qui vient d'éclater.

CHARLES, *referme la fenêtre, calmement.*

C'est un pneu!

Long silence.

CHARLES

Écoute encore, Thérèse… C'est Victor! C'est sa faute. Mais il y avait Antoine, comprends-moi… C'est encore Victor! Le général, cette ganache… rien sans Victor. Et la bonne, c'est sûrement Victor! Esther, le cher ange… Ah! Victor! Mais surtout Ida. Ida Mortemart. Rappelle-toi… Victor! Et nous, nous, j'ai compris. Victor! Victor! Toujours Victor!

On frappe.

ÉMILIE

Qui est là?

VICTOR, *derrière la porte.*

C'est Victor! Je suis malade et je ne peux pas dormir.

CHARLES, *ouvrant la porte et sortant.*

Attends, je vais te faire dormir.

Bruit de coups, cris et exclamations du père à chaque coup : C'est Victor… C'est Victor…

ÉMILIE, *au père qui reparaît.*

Qu'as-tu fait, Charles?

CHARLES

Je l'ai fessé, nom de Dieu! Fessé jusqu'au sang. Ah! c'est Victor! Eh bien soit, c'est Victor!

Silence.

ÉMILIE

Et après?

CHARLES

Et après?

Charles éclate en sanglots.

ÉMILIE

Non, Charles! Non, pas toi! ne pleure pas, Charles! Charles! Mon petit Charles! C'est moi, Émilie, ta femme, la seule, celle qui... Enfin... Il n'y a pas si longtemps que tu voulais me tuer, que je voulais te tuer, que tu voulais toi-même te tuer! Quel est ce vent, Jésus!

CHARLES, *hors de lui.*

C'est un vent puant, comme la gueule du général, comme le cul d'Ida Mortemart, comme la fumée des drapeaux de Bazaine! C'est un vent de folie... eeeeee.

ÉMILIE

C'est un vent de folie! C'est vrai! Mais je voudrais tant dormir!

CHARLES

Où est la bouteille de laudanum?

ÉMILIE

Que veux-tu faire?

CHARLES

Dormir.

ÉMILIE

Tu veux t'empoisonner, maintenant?

CHARLES

Non quelques gouttes dans un verre d'eau, l'opium nous assommera. Assommons-nous.

ÉMILIE

La fiole est dans le placard, sur la deuxième planchette à droite, à côté de la liqueur Labarraque[1].

> *Charles verse quelques gouttes de laudanum dans un verre qu'il remplit d'eau.*

CHARLES

Bois-en le tiers, et donne-moi le reste.

ÉMILIE

Tu es sûr, au moins...

CHARLES

Bois et donne.

> *Elle boit en hésitant, et tend le verre à Charles qui l'avale d'un trait.*

CHARLES

Et maintenant, au plumard.

> *Ils se couchent. La lumière s'éteint brusquement, puis se rallume très lentement. Pendant tout le monologue du père, on entend Victor crier et gémir.*

CHARLES, *couché.*

Émilie, nous sommes très calmes, maintenant. Nous allons dormir enfin, mais aucune drogue, aucune puissance au monde... Que d'étoiles !

Cris...

Ne pourrait m'empêcher de te dire, le visage horizontal, de me confesser enfin, en quelques mots... Elle est si belle..

Gémissements...

Grâce encore, Émilie. Tout en prenant le thé, la main suspendue sur le sucre, il y a trois ans, que j'aime Thérèse. Trois ans déjà. Avec un pied comme cinq feuilles de fraisier, elle va escalader le lit.

Cris...

C'est à l'Hôtel de l'Europe. Je lui disais, avant que l'autre jambe ne monte, « reste ainsi ».

Cris.

Oh! exactement comme ma moustache, mais verticale entre ses cuisses, et je me caressais le sourcil gauche, ou le sourcil droit, pendant que ses yeux riaient sous son aisselle.

Gémissements.

Je ne t'ennuie pas, au moins?

ÉMILIE

Pas du tout, mon chéri! Thérèse dut être bien heureuse.

CHARLES

N'est-ce pas?

ÉMILIE

Oui, et tu racontes si bien! C'est comme si j'y étais. Encore.

Cris très prolongés.

CHARLES

Tu es une sainte femme, Émilie !

ÉMILIE

Et Thérèse ?

CHARLES

Oh, Thérèse, c'est une grivette, un clisson, un poularic, une vinoseille, un marisignan, un pirosthète, je l'appelle mon rivarsort, ma vachinose, ma gruesaille[1]. Thérèse, c'est une vache, mais une vache comme il n'y a pas de fleurs.

ÉMILIE

Et moi ?

CHARLES

Choisis.

ÉMILIE

Je suis ta femme.

Entre Victor.

SCÈNE VI

CHARLES, ÉMILIE, VICTOR

VICTOR

Et moi, je suis ton fils.

CHARLES

C'est vrai, Émilie, tu es ma femme, et Victor est mon fils. Que je suis malheureux !

Il sort en chemise.

SCÈNE VII

ÉMILIE, VICTOR

ÉMILIE

Va te coucher, Victor !

VICTOR

Je suis malade.

ÉMILIE

Va te coucher, mon enfant.

VICTOR

Je souffre.

ÉMILIE

Tu as besoin de repos, va, Totor !

VICTOR

Good night, mother.

Victor sort en se tenant le ventre.

SCÈNE VIII

ÉMILIE

ÉMILIE, *à la fenêtre.*

Charles ! Charles ! Où est-il ? Charles ! Rentre tu vas prendre froid ! Il va s'enrhumer ! Charles, pour l'amour du Ciel, rentre ! Ce n'est pas la peine de te cacher ! Je t'ai vu. Rentre !

VOIX DE CHARLES

Non.

ÉMILIE

Viens te coucher, Charles! Cesse cette comédie.

VOIX DE CHARLES

Tu m'embêtes.

ÉMILIE

Ah, c'est ainsi.

> *Elle ferme la fenêtre et se couche.*
> *On voit qu'elle ne parvient pas à se calmer, elle se tourne tantôt à droite, tantôt à gauche. Soudain, elle saute du lit, met un kimono et sort par la gauche.*
> *La scène reste vide quelques instants.*
> *Pendant la courte absence d'Émilie, Esther entre par la porte vitrée du fond qui donne sur le jardin; elle traverse la scène en silence, et pénètre par la droite dans la chambre de Victor.*
> *Peu après Émilie et Charles rentrent dans leur chambre.*

SCÈNE IX

CHARLES, ÉMILIE

CHARLES, *entrant le premier.*

Ce laudanum ne nous aura donné que la colique.

ÉMILIE

Tu pouvais aller au vatère. En voilà des idées d'aller faire dans le jardin.

CHARLES

Ce n'est pas des idées, c'est une idée. Comme celle de me confesser tout à l'heure.

ÉMILIE, *le giflant à tour de bras.*

Tiens! Tiens! Cochon! Immonde porc! Attrape! Et ça encore! Et celui-là! Et maintenant, te couches-tu. Dis? Te coucheras-tu?

CHARLES, *après les coups.*

Je ne me défends pas. Je ne me défends plus. Tu as raison, je suis un dégoûtant, un être infâme et sans scrupules. Je croyais t'avoir demandé pardon. Non? Eh bien, je te demande pardon!

ÉMILIE

Je te l'accorde. Mais l'Avenir te confondra!

CHARLES

L'avenir? j'ai le pressentiment que l'avenir prend en effet tournure.

ÉMILIE

Quoi?

CHARLES

Oh, ce n'est qu'un pressentiment...

ÉMILIE

Explique-toi!

CHARLES

Nous sommes perdus.

ÉMILIE

Perdus?

CHARLES

Oui, perdus, corps, biens, âme. Il n'y a plus rien qui tienne dans cette maison. J'ai peur.

ÉMILIE

Peur de quoi.

CHARLES

J'ai peur.

Un temps.

J'ai peur de ne pas être à la hauteur.

ÉMILIE

À la hauteur! Peut-on imaginer pareille bassesse!

CHARLES

Dormir! Est-ce trop demander?

> *On sonne. Charles et Émilie se regardent.*
> *On sonne avec insistance.*

LILI, *à la cantonade.*

Madame, on sonne, je crois.

CHARLES

Ah! vous croyez?

LILI

Je suis sûre qu'on sonne. Faut-il ouvrir?

CHARLES

Évidemment. Qui peut venir à cette heure ?

ÉMILIE

Quelle heure est-il ?

CHARLES

Dimanche. *(Criant.)* Lili, avez-vous ouvert ?

LILI

Oui, monsieur, c'est Mme Magneau.

CHARLES

C'est Thérèse.

Thérèse pénètre affolée dans la chambre.

SCÈNE X

CHARLES, ÉMILIE, THÉRÈSE

THÉRÈSE MAGNEAU

Esther ! Où est Esther ?

CHARLES

Esther ?

THÉRÈSE

Oui, elle a quitté la maison en disant : je veux aller chez Victor. Victor sera mon papa, mon petit père.

CHARLES

C'est idiot.

THÉRÈSE

C'est stupide, en effet! Ah! quelle soirée. Où est Esther?

ÉMILIE

Mais nous ne l'avons pas vue, ma pauvre amie. Si nous l'avions vue, nous vous le dirions. Je vous assure qu'elle n'est pas ici.

THÉRÈSE

Elle n'est pas ici? *(Méfiante.)* Vous ne vous venge-riez pas sur elle, au moins? Hein? Vous ne me tue-riez pas ma fille!

ÉMILIE

Tuer votre fille? Et pour quoi faire, mon Dieu! N'avons-nous pas assez à tuer dans notre propre famille.

CHARLES

Quoi?

THÉRÈSE

Que dites-vous?

ÉMILIE

Vous l'apprendrez bientôt, Thérèse! Dieu veuille que ce ne soit pas à vos dépens.

THÉRÈSE

Ma fille est ici! Vous entendez? J'en suis aussi sûre que je m'appelle Thérèse.

CHARLES

Mais, Thérèse, soyez raisonnable... Comment serait-elle entrée ?

ÉMILIE

Sortez !

CHARLES

Sortez, et revenez demain. Il y a trêve cette nuit. Demain nous réglerons tout cela.

THÉRÈSE

Mais si je veux ma fille, moi.

ÉMILIE

Je ne l'ai pas dans ma poche, votre fille, à la fin. Voulez-vous mon fils ?

CHARLES

Ne vous entêtez pas, Thérèse. Rentrez chez vous ! Ma parole d'honneur, Esther n'est pas venue.

THÉRÈSE, *à Émilie.*

Vous la cachez quelque part ! Vous avez voulu me l'étouffer dans le coffre à charbon, tout à l'heure, pour vous venger parce que je vous ai pris votre mari. Eh bien, oui, je vous l'ai pris, à votre barbe, et vous aussi, je vous aurais prise, si j'avais été un homme, et j'aurais même été capable de vous faire un enfant.

ÉMILIE

Elle m'aurait fait un enfant !

CHARLES

Ce n'est pas gentil, Thérèse, ce que vous dites là.
Je ne vous en ai pas fait, moi.

THÉRÈSE

Pardon ! pardon, Émilie !

ÉMILIE

Moi, je ne vous pardonne rien, entendez-vous ?
rien !

CHARLES

Rentrez chez vous, allez rejoindre Antoine.

THÉRÈSE

Ah ! ah ! ah ! *(Elle rit nerveusement.)* Antoine ! c'est
lui qui m'a chassée. C'est lui le maboul. Antoine ! Il
est sur le balcon en chemise. Par le flanc gauche !
Par le flanc droit ! En avant, mort aux Pruscos !
Esther s'est enfuie en hurlant. Elle réclamait Victor.
Je l'ai cherchée par tout le quartier. Pourquoi ne
serait-elle pas ici. Charles, tu ne vas pas me la sai-
gner !

Elle crie.

Au meurtre ! Au meurtre !

> *Charles lui met la main sur la bouche. On
> entend du bruit aux étages, des appels : Qu'y
> a-t-il ? On s'égorge chez les Paumelle… Sonne-
> rie à la porte.*

SCÈNE XI

LES MÊMES, LILI

LILI, *entrant.*

Hein ? C'était bien la peine de me dire de fermer
la porte, toute la maison est aux fenêtres ! La maison
du crime ! Et taisez-vous ! ou je m'en vais, moi.

Elle sort.

SCÈNE XII

CHARLES, ÉMILIE, THÉRÈSE

UNE VOIX

Qu'est-ce que c'est ?

LILI, *dans la coulisse.*

Ce n'est rien, c'est Madame qui accouche.

UNE VOIX

Est-ce un garçon ?

UNE AUTRE VOIX

Est-ce une fille ?

LILI, *même jeu.*

C'est un bâtard !

> *On entend des rires qui vont en décrois-
> sant, puis les fenêtres qui se referment. Les
> personnages pendant tout ce qui précède res-
> tent figés. La porte de droite s'ouvre. Entre*

Victor, menant Esther par la main. Esther se cache les yeux.

SCÈNE XIII

LES MÊMES, VICTOR, ESTHER

THÉRÈSE

Esther! Esther! Ma petite fille! *(À Émilie.)* Hein? vous la séquestriez?

ÉMILIE, *hausse les épaules, puis à Esther.*

Comment es-tu entrée, mon bébé?

ESTHER

Par le jardin.

ÉMILIE

Pourquoi es-tu venue?

ESTHER

Je voulais voir Victor.

VICTOR

Elle venait me voir.

CHARLES

Pourquoi? Que t'a-t-elle dit?

VICTOR

Rien. Elle s'est couchée sur la descente de lit.

CHARLES

Elle n'a rien dit du tout?

VICTOR, *à Esther.*

As-tu dit quelque chose ?

ESTHER

Oui. J'ai dit : bonsoir Victor.

CHARLES

Et puis ?

VICTOR

Elle s'est endormie, et vous me l'avez réveillée. *(À Thérèse.)* Vous la voulez ? Reprenez-la. J'ai trop mal au ventre.

Un long silence.

ÉMILIE, *en extase.*

Oh ! Dieu soit loué ! J'ai compris, c'est le Ciel qui nous l'a envoyée. C'est Dieu ! Je démêle dans cette apparence de fugue une miraculeuse intervention de la divine Providence ! À genoux, mes enfants ! À genoux, Charles ! À genoux, Thérèse ! Et remercions le Seigneur dont les desseins ne sont pas tout à fait impénétrables ! Nous voici réunis par la plus touchante des invraisemblances. Vous, la femme adultère, ne vous récriez pas ! Toi, le père indigne ! moi, la mère infortunée ! vous, mes enfants, témoins inévitables et porteurs de la rédemption !

THÉRÈSE

J'ai compris ! C'est vrai ! C'est juste ! C'est miraculeux ! Gloire au Seigneur !

CHARLES

C'est épatant, moi aussi je comprends ! Jésus ! Jésus !

ESTHER

Épatant! Épatant!

VICTOR

Ouh! que j'ai mal au ventre! Ouh! que j'ai mal au ventre!

ÉMILIE

Relevez-vous, tous! relevez-vous! Donnez-moi votre main, Thérèse. Placez-la sur la tête d'Esther. Donne-moi ta vilaine main de libertin, Charles, et place-la sur les cheveux de Victor, et priez, priez maintenant. Faites le serment solennel de renoncer à vos relations coupables.

CHARLES

Je jure de ne plus coucher avec vous, Thérèse, de ne plus te tromper, Émilie, et d'être le modèle des époux.

THÉRÈSE

Je jure sur ta tête, Esther, de renoncer à ma funeste[1] passion pour Charles, et de soigner Antoine jusqu'à la mort.

ÉMILIE

Merci. Merci.

> *Elle pleurniche, et tous s'embrassent deux à deux.*

VICTOR

C'est fini? Hou la la, que j'ai mal au ventre! Hou la la, que j'ai mal au ventre!

CHARLES

Ça ne va pas mieux, Victor ?

VICTOR

Là, c'est l'intestin grêle. C'est l'intestin grêle !

On sonne.

CHARLES

Encore ! Mais on ne fait que sonner. Je vais l'arracher cette sonnette à la fin.

ÉMILIE

Qui est là ?

Lili entrant.

SCÈNE XIV

LES MÊMES, LILI, *puis* MARIA

LILI

C'est Maria.

THÉRÈSE

Ma bonne ! *(À Lili.)* Que me veut-elle ?

LILI

Elle veut… Entrez, Maria.

MARIA

Madame, je vous apporte mon tablier, et cette lettre. Il n'y a pas de réponse. Bonsoir la société.

Elle sort.

SCÈNE XV

CHARLES, ÉMILIE, THÉRÈSE, VICTOR,
ESTHER

THÉRÈSE, *après avoir lu, s'effondrant.*

Ah!

CHARLES, *s'empressant.*

Thérèse, qu'avez-vous?

THÉRÈSE

Antoine, le maboul, il s'est pendu!

TOUS

Oh! — Quoi? — Hein?

THÉRÈSE

Il s'est pendu, en chemise, au balcon.

CHARLES

Non.

THÉRÈSE

Lisez vous-même.

Elle tend la lettre à Charles, qui la lit. — Un long silence.

THÉRÈSE

Lisez Charles, lisez à haute voix.

Pendant la lecture Thérèse est convulsée de sanglots et de rires.

CHARLES, *lisant.*

« *Adieu, Thété. Je me balance. Le bâton de la toile cirée avec lequel tu faisais à l'occasion de si beaux gâteaux en pâte, je l'ai planté au porte-drapeau du balcon, après avoir noué à son extrémité la cordelière verte des doubles rideaux du salon. J'ai passé ma tête dans le nœud coulant extrême. Et maintenant je me balance. Je flotte au vent, car je suis le drapeau. Je suis le drapeau, parce que sous ma chemise de nuit on ne sera pas surpris de me trouver revêtu du dolman[1] bleu et de la culotte rouge des dragons de l'empereur. Je vais placer un dernier rouleau sur le cylindre du phonographe et mourir aux accents de* Sambre et Meuse[2]. *Ma dernière volonté est qu'en rentrant à la maison tu brises le rouleau, avant même de me dépendre, et qu'on recherche pour Victor, entre les pavés de la place du Panthéon, la mandragore[3] de ma dernière jouissance. Adieu Thété, adieu Thérèse.* »

ANTOINE.

P.-S. — « *Au fait, n'oublie pas de prier Charles de consoler sa fille ; À père cocu, fille adultérine[4]. Tant mieux, ça coupera la race.* »

Un grand silence accablé.

ESTHER

Qu'est-ce que ça veut dire cocu ?

Pas de réponse.

ESTHER

Qu'est-ce que ça veut dire cocu ?

THÉRÈSE

Un cocu c'est un oiseau.

ÉMILIE, *pleurant.*

Oh! assez, assez, assez!

THÉRÈSE, *se tordant les bras.*

Trop, trop, beaucoup trop. Cela dépasse les bornes. La mesure est comble.

VICTOR

N'en jetez plus, la cour est pleine.

> *Il sort en se tenant le ventre.*

SCÈNE XVI

LES MÊMES, *moins* VICTOR

ESTHER, *récitant.*

> Au foyer qui frissonne?
> Qui reviendra? personne!
> Pauvre petit oiseau!
> Pauvre petit cocu...

ÉMILIE

Charles, tu vas reconduire Thérèse et Esther chez elles, et les aider à remplir toutes les formalités.

THÉRÈSE

Non, Charles, je m'arrangerai bien toute seule, ne venez pas.

CHARLES

Voyons, Thérèse, devant la mort... Ah tu es une sainte, tu es une sainte femme Émilie!

ÉMILIE

Allez, et j'espère, vous voyez que je suis franche, que je ne vous cache rien de mes pensées, j'espère que vous n'aurez pas le front de me tromper ce soir.

THÉRÈSE

Oh! Émilie! Êtes-vous folle? Vous tromper ce soir! D'ailleurs nous avons juré. Nous avons juré et vous avez pardonné.

ÉMILIE

Il n'y a pas de situation assez terrible.

CHARLES, *faiblement.*

Rassure-toi, rassure-toi.

On entend un grand cri.

CHARLES

Qu'est-ce que c'est?

ÉMILIE, *sortant et criant.*

Victor! Victor!

Un long silence. Émilie reparaît en portant Victor évanoui dans ses bras.

SCÈNE XVII

LES MÊMES, VICTOR

ÉMILIE

Oh! c'est la fin de tout. Je l'ai trouvé évanoui dans le couloir. Partez! Charles reconduis vite Thérèse et Esther, et ramène le docteur.

*Charles, Thérèse et Esther sortent précipi-
tamment. On a couché Victor sur le lit. Émilie
sanglote à son chevet.*

SCÈNE XVIII

ÉMILIE, VICTOR

ÉMILIE

Victor ! Victor ! Mon Totor bien-aimé, mon chéri !
mon fils ! Car toi, du moins, tu l'es mon fils. Totor,
fils d'Émilie et de Charles, je t'en supplie, réponds-
moi. Oh, mon Dieu ! Marie, Joseph et tous les anges,
déliez-lui au moins la langue, et qu'il parle, et qu'il
réponde aux appels d'une mère dans la détresse.
Victor ! Mon Victor ! Il se tait. Il est mort. Es-tu
mort ? Si tu étais mort, je le sentirais. Rien n'est sen-
sible comme les entrailles d'une mère.

Victor se retourne en gémissant.

Ah ! ah ! tu bouges. Tu n'es donc pas mort. Alors,
pourquoi ne réponds-tu pas, dis ? Tu le fais exprès,
tu nous persécutes, tu veux que je me torde les bras,
que je me roule à terre. C'est cela que tu veux, hein ?
Puisque tu remues ton grand corps il ne t'en coûte-
rait pas plus de remuer ta petite langue. Il t'en coû-
terait moins. Tu ne peux pas parler ? Tu ne veux pas
parler ? Une fois, deux fois ? Victor ! Une fois, deux
fois, trois fois ? Tiens, tête de têtu.

Elle le gifle.

VICTOR

Si c'est pas malheureux, battre un enfant malade,

un enfant qui souffre. Une mère qui gifle un enfant qui va mourir, qu'est-ce que c'est maman ?

ÉMILIE

Pardon, pardon, Victor. Je ne m'appartenais plus. Mais pourquoi aussi ne pas répondre ?

VICTOR

Qu'est-ce que c'est qu'une mère qui brutalise son fils moribond ?

ÉMILIE

Il fallait répondre, Totor, répondre mon petit.

VICTOR

Eh bien, je réponds... qu'une mère qui fait cela, c'est un monstre.

ÉMILIE

Pardon, Victor ! Je t'ai si souvent pardonné, tu peux bien après cette soirée, après cette nuit, maudite, après toute la vie, tu peux bien... Mon Totor, songe que si tu allais mourir...

VICTOR

Tu crois que je vais mourir ?

ÉMILIE

Non, bien sûr ! Je ne sais pas ce que tu as. Que peux-tu avoir ? Non, ne t'inquiète pas. Mourir, mais mon petit ce n'est pas possible. Tu es si jeune !

VICTOR

On meurt à tout âge.

ÉMILIE

Tu ne mourras pas, je ne veux pas que tu meures, je veux seulement que tu me pardonnes.

VICTOR

Allons, allons, bonne mère. Primo, je vais mourir, secundo, parce qu'il faut que je meure, et tertio, il faut donc que je te pardonne. Tu es pardonnée.

> *Il lui donne sa bénédiction. Émilie sanglote et lui baise convulsivement la main.*

VICTOR

Il est des enfants précoces, dont la précocité confine au génie. Il est des enfants géniaux.

ÉMILIE

Quoi ?

VICTOR

… Mais écoute ! Hercule, dès le berceau, étranglait des serpents. Moi, j'ai toujours été trop grand pour qu'un tel prodige puisse vraisemblablement m'être attribué. Pascal, avec des ronds et des bâtons, retrouvait les propositions essentielles de la géométrie d'Euclide. Le petit Mozart, avec son violon et son archet[1], étonnera longtemps les visiteurs de la galerie de sculpture du Luxembourg. Le petit Frédéric jouait simultanément vingt parties d'échecs et les gagnait. Enfin, plus fort que tous, Jésus, dès sa naissance, était proclamé le Fils de Dieu. De tels précédents sont pour accabler le fils de Charles et d'Émilie Paumelle, lequel doit mourir à neuf ans très précis.

ÉMILIE

Mon chéri !

VICTOR

Très précis. Que me restait-il, je te le demande, dans le petit domaine familial tout encombré de mes prix d'excellence, que me restait-il ?

ÉMILIE

Mais, le travail, l'affection des tiens, et tu es fils unique.

VICTOR

Tu l'as dit, il me restait d'être fils unique. Unique. Aidé par la nature, j'ai neuf ans et j'ai deux mètres, je compris dès l'âge de cinq ans, j'avais alors un mètre soixante, que je devais me destiner à l'UNIQUAT.

ÉMILIE

À quoi ?

VICTOR

À l'Uniquat. J'ai cherché en silence, j'ai travaillé en secret, et j'ai trouvé.

ÉMILIE

Tu as trouvé ? Il délire.

VICTOR

Oui, Eurêka ! j'ai trouvé les ressorts de l'Uniquat.

ÉMILIE

Pauvre enfant ! Et quels sont-ils ?

VICTOR

Les ressorts de l'Uniquat... Oh ce serait si facile si j'avais une feuille de papier et un crayon.

ÉMILIE

Veux-tu que j'aille t'en chercher?

VICTOR

Non, non, c'est inutile. Je n'aurais pas la force d'écrire.

ÉMILIE

Alors?

VICTOR

Cela ne fait rien, je vais essayer tout de même de t'expliquer. Les ressorts de l'Uniquat...

Entre le père, suivi du docteur.

SCÈNE XIX

ÉMILIE, VICTOR, CHARLES, LE DOCTEUR, *puis* LILI.

VICTOR

Ah, zut!

LE DOCTEUR

Bon. Voilà notre malade. Eh bien, mon petit, ça ne va pas? On a bobo à son petit ventre?

VICTOR

Oui, monsieur le docteur. J'ai bobo là. Dans le petit boyau.

LE DOCTEUR

Allons, ça ne doit pas être bien sérieux. Madame Paumelle, donnez-moi une serviette. Avez-vous une cuillère? Oui. — Bon. Retourne-toi, mon petit, mets-toi sur le ventre. A-t-il de la température?

CHARLES

Je ne sais pas, voyez vous-même.

Charles sort nerveusement.

LE DOCTEUR

Nous allons voir ça.

Il prend la température rectale. — Un long silence. — Entre Charles, toujours nerveux, suivi de la bonne.

LILI, *à mi-voix.*

Madame! Madame!

ÉMILIE

Chut! qu'est-ce qu'il y a?

LILI

Écoutez.

Elle prend Émilie à part et lui murmure quelques mots à l'oreille.

ÉMILIE

Ce n'est pas possible.

> *Charles fait quelques pas vers la porte.*

ÉMILIE, *courant vers lui.*

Charles !

CHARLES

Eh bien ?

ÉMILIE

Où vas-tu ? Viens ici.

> *Charles hésite.*

ÉMILIE, *lui paralysant le bras.*

Donne-moi ça. Donne.

VICTOR, *toujours sur le ventre, et qui ne peut
avoir rien vu de la scène.*

Papa, écoute maman. Je suis si malade, et la fumée
me dérange. Remets-lui ta pipe, ainsi tu ne succom-
beras pas à la tentation.

> *Charles remet un revolver à Émilie. Tous
> deux semblent extrêmement étonnés.*

VICTOR

Il ne faut pas trop appuyer sur le ressort de l'Uniquat.

LE DOCTEUR

Que dit-il ?

ÉMILIE

Il délire, docteur, il délire.

CHARLES

Oui, oui, il délire.

> *Lili qui est restée immobile pendant toute la scène, disparaît.*

SCÈNE XX

LES MÊMES, *moins* LILI.

LE DOCTEUR, *examinant le thermomètre.*

Ce n'est pas étonnant qu'il délire. Il a... Il a une forte fièvre.

ÉMILIE

Docteur, votre avis?

LE DOCTEUR

Attendez, je vais l'ausculter. *(Il l'ausculte.)* Compte : Trente-cinq, trente-six, trente-sept...

VICTOR

... Trente-huit, trente-neuf, quarante...

> *L'auscultation se poursuit.*

CHARLES

Eh bien?

LE DOCTEUR

Eh bien...

VICTOR, *hurlant.*

Hou la la, hou la la, hou la la, hou la la!

Charles et Émilie s'agenouillent auprès du lit. Enfin Victor se calme et demande :

VICTOR

À quelle heure suis-je né, maman?

ÉMILIE

À onze heures trente du soir.

VICTOR

Quelle heure est-il?

ÉMILIE

Il est... Quelle heure est-il Charles?

CHARLES

Il est onze heures vingt-cinq.

VICTOR

Eh bien, je vais te dire, ma chère maman, quels sont les ressorts de l'Uniquat. Les ressorts de l'Uniquat sont...

CHARLES

Mais, enfin, docteur, de quoi meurt-il?

LE DOCTEUR

Il meurt de...

VICTOR, *l'interrompant.*

Je meurs de la Mort. C'est le dernier ressort de l'Uniquat.

LE DOCTEUR

Que veut-il dire?

CHARLES

Je n'ai jamais rien compris à cet enfant.

ÉMILIE

Et les autres, Victor, les autres ressorts? vite, il est onze heures vingt-huit.

VICTOR

Les autres.

Un temps.

Je les ai oubliés.

Il meurt.

LE DOCTEUR

Et voilà le sort des enfants obstinés[1].

Le docteur sort, tandis qu'un rideau noir tombe. On entend deux coups de feu. Le rideau se relève. Émilie et Charles sont étendus aux pieds du lit de l'enfant, séparés par un revolver fumant. Une porte s'ouvre, et la bonne paraît.

LILI

Mais c'est un drame!

RIDEAU

DOSSIER

CHRONOLOGIE

(1899-1952)

1899.   *17 novembre :* naissance de Roger, Eugène, Simon Vitrac à Pinsac, petite ville du Lot où il passe une enfance attristée par les disputes incessantes de ses parents (le père, coureur, dilapide au jeu la dot de sa femme).

1910.   Naissance de son frère, Patrice Vitrac, qui meurt prématurément en 1912.

1911.   La famille, ruinée, s'installe à Paris, près des Halles, au 17 rue de Palestro, dans un petit immeuble qui servira de cadre à *Coup de Trafalgar* (pièce écrite en 1930).

1912-1918.   Études au collège Chaptal. Il passe la seconde partie du baccalauréat à Cahors, la famille étant retournée dans le Lot au cours du printemps 1918.

1919.   De retour à Paris, il s'inscrit en Sorbonne au P.C.N. (physique, chimie et sciences naturelles) et fréquente le quartier Latin. Il écrit *Le Faune noir*, recueil poétique, de facture symboliste dédié à Henri de Régnier et publié à compte d'auteur (sera réédité dans *Dés-Lyre* en 1964).

1920.   Roger Vitrac épouse sa cousine Géraldine Vitrac. Le couple se sépare très vite. Vitrac est incorporé dans l'armée, au 104e R.I., avec René Crevel, Marcel Arland, etc.

1921.   Il participe à l'une des dernières manifestations dadaïstes (le 14 avril) au square St Julien-le-Pauvre. Il y rencontre Louis Aragon, avec qui il se lie d'amitié pendant quatre ans.

Il collabore à la revue *Aventure*, fondée par René Crevel avec Jacques Baron, Max Morise, Marcel Arland, André Malraux, etc., qui aura trois numéros (de novembre 1921 à janvier 1922). Il y publiera sa première pièce, *Le Peintre* (1922).

Il est l'un des premiers à rallier le groupe surréaliste aux côtés d'André Breton, Louis Aragon, Paul Éluard, Benjamin Péret, Georges Ribemont-Dessaignes et Philippe Soupault.

1922. Il écrit *Entrée libre*, drame en sept tableaux (inédit jusqu'en 1964) où il essaie de transcrire des rêves au théâtre et *Mademoiselle Piège* (publié dans *Littérature* n° 5, 1er octobre 1922).

Il rencontre Suzanne avec laquelle il vit pendant trois ans, qui sera Léa, l'héroïne des *Mystères de l'Amour*, et à qui il dédiera son recueil poétique *Connaissance de la mort*.

Décembre : il écrit *Poison*, pièce qui sera publiée dans *Littérature* n° 8, le 1er janvier suivant.

1923. Il entreprend, avec André Breton, Louis Aragon et Max Morise, le «Voyage magique» (aventure initiatique, où ils partent tous trois à pied, sur les chemins de Sologne).

1924. Il rencontre Antonin Artaud : grande amitié pendant sept ans.

Il préface, avec Paul Éluard et Jacques-André Boiffard, le premier numéro de *La Révolution surréaliste*.

Il écrit la pièce *Les Mystères de l'Amour*.

1925. Il écrit *La Lanterne noire*, recueil de poèmes surréalistes (publié en 1964 dans *Dés-Lyre*) Breton le met à l'index du groupe surréaliste.

1926. *26 septembre :* Roger Vitrac fonde avec Antonin Artaud et Robert Aron le Théâtre Alfred Jarry.

Il publie *Connaissance de la mort*.

1927. Il fait paraître deux recueils poétiques, *Humoristiques* et *Cruautés de la nuit*.

Juin : création des *Mystères de l'Amour* par le Théâtre Alfred Jarry au Théâtre de Grenelle.

1928. *24 décembre :* création de *Victor ou les enfants au pouvoir* par le Théâtre Alfred Jarry sur la scène de la Comédie des Champs-Élysées

Vitrac publie un essai sur *Giorgio de Chirico*.

Exclusion définitive de Vitrac du groupe surréaliste.

1929. Publication de *Victor ou les enfants au pouvoir* (Robert Denoël éd.).

Parution d'un essai consacré à *Jacques Lipchitz*.

1930. Publication de *Marius* (essai autobiographique).

Vitrac collabore (avec Robert Desnos, Jacques Baron, Georges Limbour, Georges Ribemont-Dessaignes) à *Un cadavre*, pamphlet contre André Breton.

1932-1938. Vitrac participe, en tant que conférencier, aux croisières en Grèce, organisées par une agence que dirige l'un de ses amis et qui publie, deux fois par an, une plaquette, *Le Voyage en Grèce*, pour laquelle Vitrac écrit trois articles. Trois pièces seront inspirées par ces voyages en Méditerranée : *Les Demoiselles du large*, plus tard, *La Croisière oubliée* (pièce radiophonique), et enfin *Le destin change de chevaux* (pièce inachevée et inédite du vivant de Vitrac).

1933. Il rencontre Léo Merle qui sera sa compagne jusqu'en 1948.

1934. Création du *Coup de Trafalgar*, au Théâtre de l'Atelier, par la troupe du Rideau de Paris, dirigée par Marcel Herrand et Jean Marchat. À la suite de quoi, rupture avec Antonin Artaud : celui-ci, jaloux parce qu'il désirait créer la pièce, décrie tant la mise en scène que le texte, boulevardier selon lui, dans la *Nouvelle Revue française* (juillet 1934).

Vitrac entreprend une cure de désintoxication alcoolique, durant laquelle il écrit *Le Loup-garou*, pièce dont les personnages sont inspirés par les patients de la clinique où il réside et qui sera créée le 27 février 1940 au Théâtre des Noctambules.

1936. Il écrit à Cassis *Le Camelot*, créé aussitôt après au Théâtre de l'Atelier.

1938. Il écrit *La Bagarre* (comédie non représentée).

Création des *Demoiselles du large* au Théâtre de l'Œuvre. Début de l'amitié de Vitrac avec Jean Anouilh dont il encourage les débuts au théâtre.

1939. Vitrac écrit *Médor* (comédie non représentée), à Nice. Lorsque la guerre éclate, il se replie à Bordeaux, mobilisé par la Radiodiffusion française.

1940.   Création du *Loup-garou* au Théâtre des Noctambules.
1945.   Il commence *Le Condamné*, primitivement intitulé *27 de tension*.
1949.   Diffusion radiophonique de *La Croisière oubliée*.
1950.   Mariage avec Anne, sœur de Léo.
        Il écrit *Le Sabre de mon père*.
1951.   Il achève *Le Condamné*.
        Création du *Sabre de mon père* au Théâtre de Paris.
1952.   *22 janvier :* Vitrac meurt à Paris des suites d'une attaque d'hémiplégie.
        Février : diffusion à la radio du *Condamné*.

HISTORIQUE ET POÉTIQUE
DE LA MISE EN SCÈNE

LE THÉÂTRE ALFRED JARRY

Le destin de *Victor ou les enfants au pouvoir* est indissociable de celui du Théâtre Alfred Jarry dont il convient de retracer rapidement l'histoire, si tumultueuse dans sa brièveté.

L'année 1924 marque la naissance d'une grande amitié entre Antonin Artaud et Roger Vitrac, qui donne lieu à une étroite collaboration artistique pendant sept ans, au terme de laquelle les deux hommes se brouilleront. Ils sont poussés l'un vers l'autre par une fascination réciproque pour leurs écrits respectifs et par le désir commun de révolutionner la scène. En septembre 1925, Artaud publie, dans la *Nouvelle Revue française*, un article dithyrambique sur *Les Mystères de l'Amour*, « drame surréaliste » aux dires mêmes de Vitrac, paru l'année précédente, qu'il désire mettre en scène. Deux mois plus tard, le 1er décembre 1925, c'est au tour de Vitrac de saluer le génie d'Artaud dans « Note sur *L'Ombilic des limbes* », article qu'il fait paraître également dans la *N.R.F.* (no 147). Les deux artistes décident alors, avec Robert Aron, de fonder un théâtre susceptible d'accueillir les créations scéniques dont ils rêvent. Ils l'appelleront le « Théâtre Alfred Jarry » en hommage à celui qu'Artaud considère comme un précurseur dans le domaine de la cruauté et pour qui Vitrac témoigne d'une très vive admiration. Soucieux d'affirmer l'irréductibilité de leur démarche artistique à aucune autre, Artaud écrit aussitôt un *Manifeste* qui paraît dans la *N.R.F.*, no 158, le 1er novembre 1926, où l'on peut lire : « Nous voulons en venir à ceci : qu'à chaque spectacle monté nous jouons une partie grave, que tout l'intérêt de notre effort réside dans ce caractère de gravité. Ce n'est pas à l'esprit ni aux sens des spectateurs que nous nous adressons, mais à toute leur existence. À la leur et à la nôtre. Nous jouons notre vie dans le spectacle qui se déroule sur la scène. Si nous n'avions pas le sentiment très net et très profond qu'une parcelle de notre vie profonde est engagée là-dedans, nous n'estimerions pas nécessaire de pousser plus loin l'expérience. Le spectateur qui vient chez nous sait qu'il vient s'offrir à une opération véritable, où non seulement son esprit mais ses sens et sa chair sont en jeu. » Robert Aron prononce le 25 novembre 1926, à l'École des Hautes Études, une conférence, pour présenter à son tour les buts de ce nouveau théâtre, intitulée « Genèse d'un théâtre » et suivie « d'auditions » (c'est-à-dire de lectures) de Jarry, de Raymond Roussel et des *Mystères de l'Amour*. Le spectacle d'ouverture, annoncé pour le 15 janvier 1927, prévoit la création des *Mystères de l'Amour* au Théâtre du Vieux-Colombier, dans la salle que prête Charles Dullin. Comme, faute de moyens, il n'a pas lieu, Artaud, profondément ulcéré, écrit en février 1927, dans les *Cahiers du Sud* (n° 87), son *Manifeste pour un théâtre avorté* (publié plus tard dans les *Œuvres complètes*, t. II).

Le Théâtre Alfred Jarry, qui n'a pas de salle de spectacles à sa disposition, voit enfin le jour avec deux représentations des *Mystères de l'Amour*, les 1er et 2 juin 1927, au Théâtre de Grenelle, dans une mise en scène d'Artaud. La pièce est précédée par une pochade d'Artaud, *Ventre brûlé ou la mère folle* (dont le texte est malheureusement perdu) et par *Gigogne* de Robert Aron. Sept mois plus tard, le 14 janvier 1928, le Théâtre Alfred Jarry donne, à la Comédie des Champs-Élysées, l'acte III de *Partage de Midi*, jamais encore représenté, et cela sans nom d'auteur, contre la volonté de Claudel qui, jusqu'alors, n'a pas voulu montrer au grand jour son drame personnel dont il n'est pas encore pleinement guéri, même s'il s'en est partiellement libéré en écrivant *Le Soulier de satin*. « Cet acte fut joué en vertu de cet axiome qu'une œuvre imprimée appartient à tout le monde », allégua Artaud. *Le Songe* de Strindberg est représenté ensuite, pour la première fois en France les 2 et 9 juin 1928, dans une traduction de l'auteur, à la Comédie des Champs-Élysées. Les représentations sont perturbées par les interventions tonitruantes des surréalistes.

Quatrième et dernier spectacle du Théâtre Alfred Jarry, *Victor ou les enfants au pouvoir* est donné trois fois, les 24 et 29 décembre 1928 en soirée et le 5 janvier 1929 en matinée, à la Comédie des Champs-Élysées. On ne peut s'empêcher de penser que la date du 24 décembre fut choisie par pure provocation, dans le dessein de représenter le drame de la mort de l'enfant, le soir même de la Nativité. C'est au peintre Gaston-Louis Roux, ami intime de Vitrac, chargé de toutes les illustrations pour le Théâtre Alfred Jarry (notamment pour la couverture de la brochure *Le Théâtre Alfred Jarry et l'Hostilité publique*) que Vitrac commande l'affiche pour *Victor*. Ainsi s'achève la fulgurante aventure du Théâtre Alfred Jarry dont l'influence sur la mise en scène du xxᵉ siècle fut déterminante, même si n'y eurent lieu que huit représentations.

LA CRÉATION PAR ARTAUD

La pièce fut répétée à la hâte, comme tous les spectacles du Théâtre Alfred Jarry qui ne disposait d'aucun moyen (ni troupe, ni local), comme en témoignent ces propos d'Artaud dans *Le Théâtre Alfred Jarry* : « *Les Mystères de l'Amour* furent répétés une seule fois sur scène la nuit qui précéda la représentation. *Le Songe* n'eut qu'une répétition en décors et costumes. *Le Partage de Midi* fut vu une seule fois sur le plateau, le matin même du spectacle.

» Pour *Les Enfants au pouvoir*, ce fut pire encore. Il fut impossible de voir la pièce même une seule fois d'un bout à l'autre sur scène avant la générale[1]. »

On peut se faire une idée du décor grâce aux commentaires qu'a laissés Artaud et aux trois photos qui illustrent l'édition Denoël (voir la Bibliographie). Au premier acte, un énorme gâteau, qui couvre toute la table de la salle à manger, est orné de longues chandelles d'église, sorte de grands cierges macabres qui tiennent lieu de bougies et semblent plantés là plutôt pour un repas funèbre que pour un anniversaire. Digne de Dali, cette image surréaliste, où se mêlent une atmosphère d'anniversaire et de mort, a valeur prémonitoire. Préfigurant

---

1. Antonin Artaud, *Œuvres complètes II*, Gallimard, collection Blanche, 1961 et 1980, p. 34-35.

la mort de Victor qui trépasse à l'heure même où il naquit, elle annonce au spectateur qu'il est peut-être convié à un enterrement. Au deuxième acte, un immense palmier est fiché, dans un irréalisme absolu, en plein milieu du salon des Paumelle. Tout est inquiétant dans ce décor, tout y est trop grand aussi, à l'instar de Victor, qui préfère mourir avant de faire éclater la maison.

Désireux de mettre le spectateur mal à l'aise, Artaud matérialise le «quatrième mur» en installant, au premier acte, des cadres vides à l'avant-scène, suspendus aux frises, face au public, qui sont censés occuper la place des traditionnels portraits de famille et qui «précis(ent) le rôle de "voyeurs" des spectateurs dans cette affaire de famille», comme il l'écrit lui-même. Il note, toujours dans *Le Théâtre Alfred Jarry* : « *Victor ou les enfants au pouvoir*, drame bourgeois en trois actes de Roger Vitrac. Ce drame, tantôt lyrique, tantôt ironique, tantôt direct, était dirigé contre la famille bourgeoise, avec comme discriminants : l'adultère, l'inceste, la scatologie, la colère, la poésie surréaliste, le patriotisme, la folie, la honte et la mort[1]. »

C'est Marc Darnault qui jouait Victor. Quant au rôle de la pétomane, Artaud eut bien du mal à trouver une actrice qui acceptât de le jouer. Alexandra Pecker, «la reine du Music-Hall», selon l'expression d'Artaud lui-même, refusa, après avoir accepté, craignant de ne pouvoir ensuite se présenter au Conservatoire. Ce fut Domenica Blazy qui incarna Ida Mortemart. (Voir les Annexes, p. 188).

La pièce ne reçut qu'un accueil très mitigé. Quelques rares critiques furent séduits par son originalité. Un journaliste allemand, Paul Block, note, dans le *Berliner Tageblatt* : «Roger Vitrac a écrit un drame incroyable, un drame incroyablement insolent, et dans les détails incroyablement comique. (...) Ce fut la représentation théâtrale la plus curieuse qu'il m'ait été donné de voir pendant mes huit années d'après-guerre à Paris.» Certains spectateurs furent enthousiastes, dont André Gide et Giorgio de Chirico qui déclare avoir assisté trois fois seulement à ce spectacle (n'ayant eu que trois représentations) qu'il aurait souhaité voir bien davantage. Toutefois, la plupart des spectateurs furent profondément scandalisés par le caractère irrévérencieux de la pièce qui, précisément, avait

1. *Ibid.*, p. 40.

poussé Artaud à la monter. «Dans *Les Enfants au pouvoir*», écrit Artaud dans *Le Théâtre Alfred Jarry*, «la marmite est en ébullition. Le titre seul indique un irrespect de base pour toutes les valeurs établies[1]».

LES REPRISES MARQUANTES

1946

La pièce est rejouée pour la première fois après-guerre le 10 novembre 1946 au Théâtre Agnès Capri par la Compagnie du Thyase, dirigée par Michel de Ré, dans une mise en scène de ce dernier, avec un accompagnement musical d'Henri Sauguet. Participant à cette reprise, Vitrac souligne le caractère intemporel de sa pièce dans *Le Figaro* du 11 novembre, puisque, dit-il, «c'est le mythe de l'enfance précoce». Il est profondément convaincu que, dix-sept ans après, la pièce n'a pas du tout vieilli, comme il l'explique à Armand Gatti, dans une interview donnée au *Parisien libéré* du 12 novembre 1946 : «J'ai été d'abord très hésitant, car je pense que la pièce est encore trop jeune pour l'époque. Elle a toujours neuf ans, comme son héros, Victor.»

Malgré la présence à la «générale» de Breton et d'Artaud, la pièce ne convainquit pas davantage le public qu'à la création. Anouilh, lié d'amitié depuis 1938 avec Vitrac qui encouragea ses débuts au théâtre, fut un des rares spectateurs à applaudir. La pièce le marqua tellement qu'il lui emprunta certaines idées de scènes dans l'une de ses «pièces grinçantes», *Ardèle ou la Marguerite* (1948).

1962

C'est enfin avec un grand succès que la pièce est reprise le 3 octobre 1962 au Théâtre de l'Ambigu, dans une mise en scène de Jean Anouilh et de Roland Piétri, assistés de Jacques Noël (mise en scène filmée pour la télévision), avec Claude Rich dans le rôle principal. L'initiative en revient à Anouilh qui voit dans cette pièce «du très bon Feydeau écrit en colla-

---

1. *Ibid.*, p. 28.

boration avec Strindberg » et note qu'elle recèle de « curieuses résonances avec *Hamlet* ». Il écrit, dans *Le Figaro littéraire* du 6 octobre 1962 : « *Victor* est une des trois ou quatre pièces pour lesquelles je donnerais la moitié de ce que j'ai fait... Elle aurait dû être un tournant. C'était le comique moderne. Les gens qui ne l'ont pas entendu nous ont fait perdre trente ans, en attendant Ionesco. » Malgré sa référence à Strindberg, à Shakespeare et à Ionesco, Anouilh affaiblit la portée de la pièce, et en gommant la violence surréaliste, par une mise en scène quelque peu boulevardière. « J'emploie le mot fantaisie à la place du mot surréalisme, volontairement », écrit-il dans *Le Figaro* du 1er août 1962. Très admiratif pourtant face à la verve féroce de Vitrac, il ajoute, dans *Le Monde* du 4 octobre 1962 : « *Victor*, c'est le chef-d'œuvre de Vitrac... Je ne veux pas dire qu'après il n'a pas retrouvé la veine de *Victor* : il ne savait probablement pas qu'il avait écrit *Victor*. Il a tout naturellement essayé de faire un autre théâtre, plus habile, plus près du public. Mais *Victor* reste comme un bijou étrange et insolite dans son œuvre. C'est une réussite presque parfaite... »

La critique est alors unanime. Gilles Sandier, dans *Le Figaro* du 5 octobre 1962 ne tarit pas d'éloges, plaçant Vitrac aussi haut que Genet : « En réparant l'injustice de 1928 et vengeant l'échec d'Antonin Artaud, dit-il à Anouilh, vous nous donnez une soirée qui est pour moi la plus grande soirée de théâtre depuis trois ans exactement, depuis *Les Nègres*. » Quant à Bertrand Poirot-Delpech, dans *Le Monde* du 5 octobre 1962, il n'hésite pas à situer Vitrac dans la grande lignée de Shakespeare, faisant de lui aussi de Victor un Hamlet moderne, jugement qu'Artaud n'aurait pas désavoué, qui se réclamait entre autres du théâtre élisabéthain dans son manifeste *Le Théâtre Alfred Jarry et l'Hostilité publique*. « Vitrac a donc mêlé les larmes aux rires ; shakespearien à sa manière avec cet Hamlet intimiste. Ceux qui seront pris au piège de la farce lui reprocheront d'avoir gâté l'irrésistible numéro d'affreux jojo amorcé au premier acte par d'inutiles interventions surnaturelles et par de trop longues scènes d'insomnies dans la chambre des parents. C'est qu'ils n'auront rien compris à la pièce. Toute la tendre vérité de *Victor* tient précisément dans cette progression qui mène l'enfant, en un seul soir d'anniversaire, du fou rire innocent à l'imitation espiègle, de la révélation au chagrin, de la connaissance à la mort. » Quant à Alfred Simon, dans le numéro d'*Esprit* de novembre 1962, il ne cache pas son admiration devant l'extraordinaire mélange de comique et de tragique qu'offre le texte : « Un malentendu tragique se noue au cœur de la condition humaine et débouche sur la mort au terme d'une veillée qui est à la fois la folle nuit des adultes et le voyage au bout de la nuit de l'enfance… La visiteuse porte son vrai nom mais la mort, en ses atours de grande dame, concurrence le pétomane de l'Eldorado… » Avec cette mise en scène d'Anouilh, la pièce entre dans le répertoire.

1982

C'est en 1982 qu'elle obtient sa consécration définitive, lorsqu'elle est jouée à la Comédie-Française, dans la mise en scène de Jean Bouchaud avec Marcel Bozonnet dans le rôle-titre. L'entrée d'un tel brûlot au grand répertoire ne va pas sans un affaiblissement de la dimension anarchisante, déjà opéré par Anouilh. Jean Bouchaud, qui, fasciné par l'inscription de la pièce dans l'histoire, l'avait montée une dizaine d'années auparavant (1972) avec un esprit subversif, à la Comédie de Caen, se crut obligé, pour la circonstance, d'en souligner le classicisme, déclarant à Jean-Pierre Han : « Il y a dans cette pièce une espèce de mouvement classique. Tout y est : l'unité de temps — cela se déroule très précisément le 12 septembre 1909, en quelques heures —, l'unité de lieu — le salon des Paumelle. Il est certes question, dans la seconde partie, de la chambre à coucher des parents, mais en m'appuyant sur une réplique de Victor, je l'ai "déménagée" dans le salon ; il n'y a donc pas là de sollicitation abusive de ma part. La pièce est bien jouée en continuité, dans un décor unique, remontée comme une tragédie, à l'issue inéluctable : la mort, envoyée spéciale du Destin, apparaissant en personne, belle et sulfureuse… » (*Comédie-Française*, n° 118, avril-mai 1983).

C'est ainsi qu'il justifie son parti pris de décor unique : « Ici on part d'un intérieur bourgeois, de l'ordre et de l'équilibre de cette famille bourgeoise, symbolisés par les deux vases de Sèvres. L'un des vases est cassé, et à partir de là tout bascule. Ma mise en scène est fondée sur le déménagement, au sens littéral, des meubles et des esprits. J'ai ramené les trois décors indiqués dans le texte, à un seul : une salle à manger-salon ; quant à la chambre à coucher, c'est le père qui déménage ses meubles et l'amène dans le salon. Le théâtre montre ce que voulait démontrer Vitrac : qu'il n'y a pas de frontière entre folie et normalité » (*Comédie-Française*, nº 112, octobre-novembre 1982.)

1998

C'est enfin avec toute sa dimension subversive que la pièce est reprise en septembre 1998 à la Cartoucherie de Vincennes, par le Théâtre de la Tempête, dans une mise en scène de Philippe Adrien, au rythme endiablé. Au journaliste d'*Utopia* (nº 4, 15 octobre-15 novembre 1998), qui le questionne sur ses motivations à monter *Victor*, il répond · « C'est un désir qui ne date pas d'hier. J'ai l'impression que quelque chose s'est révélé à moi le jour où on m'a mis cette pièce entre les mains. C'est plus ou moins associé dans mon esprit à une famille d'artistes qui habitait non loin de chez moi à Montmartre lorsque j'étais gamin. Il y avaient deux pièces dont ils ne cessaient de parler — *Ubu* et *Victor ou les enfants au pouvoir* — comme ayant inauguré le théâtre du XXe siècle. Cela commence avec la découverte de l'inconscient. *Ubu* est représenté pour la première fois au Théâtre de l'Œuvre, Freud identifie le complexe d'Œdipe comme modèle de la relation de l'enfant à ses parents. *Victor*... est de la même veine que *Œdipe* ou *Hamlet*, mais en milieu bourgeois. C'est assez intéressant d'ailleurs car si la psychanalyse a vu le jour, c'est aussi à cause de la bourgeoisie. D'une certaine façon la pièce remet en cause les règles et les codes de ce milieu. On a même mis un passage en anglais (lorsque le père demande pardon à sa femme et à la chrétienté) et tout le monde l'associe évidemment avec l'affaire *Clinton* qui est la preuve qu'on n'en a pas fini avec la morale bourgeoise, cette sorte d'amalgame avec la tradition morale du christianisme et le "bourgeoisisme" ambiant. Je savais que je ferais *Victor* un jour, il suffisait que je trouve l'acteur. » Cet acteur, il l'a rencontré en la personne de Michat Lescot, grand jeune homme dégingandé qui joue à merveille ce personnage d'Hamlet moderne.

La critique est unanime. Jean-Louis Perrier, en septembre 1998, dans *Le Monde*, souligne tant la modernité de la pièce que la pertinence de la mise en scène : « La pièce emporte son auteur bien au-delà de l'assonance anagrammatique Victor

Vitrac. Il y a tout mis et, plus conséquent que d'autres dans son engagement surréaliste, s'est jeté lui-même, en même temps que Victor, avec l'eau du bain. *Victor* est un commencement et un testament, une œuvre attrape-tout, dans la mesure où il s'y débarrasse de tout, depuis les verres de Baccarat et les porcelaines de Sèvres, jusqu'aux enfants affrontés au grand passage : mourir ou devenir adulte, bourgeois comme devant, c'est-à-dire mort deux fois.

» Son drame sera donc pleinement, lucidement, "bourgeois". Bourgeoise est cette tache indélébile apparue sur les mains de Victor au jour de ses neuf ans, et dont il voit qu'elle conduit à la folie. Un mal qui s'entretient à coups de sabre et de goupillon, et qui tient à la substance même sécrétée par l'espèce bourgeoise, incapable de s'en sortir, et dont on connaît la nature au moins depuis Jarry. Et c'est l'impossibilité de s'en dégager, de l'évacuer, qui anéantit Victor… »

Dans *Le Canard enchaîné* du 14 octobre 1998, Bernard Thomas, admiratif, déclare : « Folie, inceste, scatologie — et pour finir honte et mort ; la vie n'est pas vivable. Victor n'y survivra pas, semant l'épouvante autour de soi. (…) Et c'est la silhouette d'Hamlet qui surgit, imprévue, débusquant la tragédie au coin de ce qu'on imaginait une simple satire bourgeoise. Les grands enfants ont bien du talent. »

ANNEXES

I. LETTRE D'ANTONIN ARTAUD À DOMENICA BLAZY

Cette lettre de 1928, publiée dans les Œuvres complètes d'Artaud (Gallimard, collection Blanche, t. II, p. 71-73) fut adressée à la comédienne qui créa le rôle d'Ida Mortemart.

Lettre à Ida Mortemart alias Domenica

Madame,

Vous me demandez ce que j'attends de cette pièce osée et scandaleuse : c'est bien simple, j'en attends *tout*. Car au point où nous en sommes cette pièce est tout. Elle dénoue une situation douloureuse. Elle touche au vif d'une vérité même pas assez épouvantable pour nous désespérer d'exister. Et c'est bien dans cet esprit que je la monte. Et j'en suis aussi sûr que d'un mécanisme remonté pour faire partir sa charge d'explosifs à heure dite. Comme quelque chose de plus qu'une œuvre théâtrale, osée et scandaleuse, elle est comme la vérité même de la vie, quand on la considère dans son acuité.

Il y a, dans cette pièce, une perversité incontestable, mais elle n'est pas pire que nous ne le sommes tous dans ce sens. Tout ce qui est sale ou infect a un sens et ne doit pas être entendu directement. Nous sommes ici en pleine magie, en pleine déchéance humaine. La réalité qui s'exprime, le fait par son côté le plus aigu, mais aussi le plus oblique et le plus détourné. La signification même des choses se dégage de leur âpreté, et l'âpreté d'une sorte de nudité parfaite, où l'esprit choisit la vie de la pensée, dans son aspect affectif le plus spontané. On a voulu épuiser ici ce côté tremblant et qui s'effrite, non seulement du sentiment, mais de la pensée humaine. Mettre au jour l'antithèse profonde et éternelle entre l'asservissement de notre état et de nos fonctions matérielles et notre qualité, d'intelligences pures et de purs esprits.

Un personnage entre tous, le vôtre, représente cette antithèse, et son apparition est le point culminant de la pièce. C'est pourquoi Ida Mortemart se devait d'apparaître comme un fantôme, mais un fantôme par certains côtés, ou mieux par un seul côté cruellement réel. Ce fantôme qui vient de l'au-delà a conservé en lui toute l'intelligence et la supériorité de l'autre monde, et cela se sent dans les sous-entendus qu'elle *attache* SANS RÉPIT à tout ce qu'elle dit. Tout lui est prétexte à profondeur et un prétexte sur lequel elle saute, comme tremblante dans la peur de ne plus vivre. En tout cas, elle représente la *douleur* morale et l'empoisonnement de la matière par son pire côté. Son état de fantôme, de femme spirituellement crucifiée, lui procure la lucidité des voyantes. Et c'est ce qui explique le ton augural et puissamment sentencieux dont elle souligne ses répliques d'apparence anodine, qui doivent s'entendre avec leur sens entier. Il ne manquerait plus qu'elle se laissât rebuter par ce qu'elle fait. Voyez l'horreur épouvantable et gênante, inadmissible presque, mais d'autant plus suffocante et belle d'être inadmissible, de sa situation.

Et comprenez bien que cette infirmité seule, et pas une autre, était capable de rendre sa situation dans la vie aussi funestement impossible, aussi significative et expressive, pour tout dire. Et sa suppression changeait l'esprit de la pièce, *enlevant* à l'âcreté *de la leçon qui s'en dégage* son côté le plus épouvantable *et le plus réellement puissant.*

Je pense qu'un *esprit*, quel qu'il soit, ne doit se laisser rebuter par rien. Il n'y a pas d'exception à la liberté. Et *je suis sûr* que la vie ne lui possède pas pour vous d'obstacles, *du moins foncièrement moraux ou sociaux.*

Je fais des vœux pour que vous deveniez, l'après-midi du 24 décembre prochain, le personnage véritablement fabuleux, Ida Mortemart lui-même.

Je suis votre dévoué

Antonin Artaud.

II. LA MISE EN SCÈNE SELON ANTONIN ARTAUD

Artaud expose sa conception de la mise en scène, lors de la création
du Théâtre Alfred Jarry, en 1926, dans une brochure de quarante-huit
pages, intitulée Le Théâtre Alfred Jarry et l'Hostilité publique,
sous couverture de Gaston-Louis Roux, sans indication de nom d'im-
primeur. Ce texte est lui aussi publié dans le tome II des *Œuvres*
complètes (p. 46-47).

MISE EN SCÈNE. Comme par le passé les décors et les accessoires seront réels et concrets. Ils seront composés d'objets et
d'éléments empruntés à tout ce qui nous entoure et viseront
par leurs arrangements à créer des figures nouvelles. Les éclai-
rages contribueront par leur vie propre à conserver à cette
exposition originale d'objets son caractère essentiellement
théâtral.

Les personnages seront systématiquement poussés au type.
Nous donnerons une idée nouvelle du *personnage de théâtre*.
Les acteurs se composeront tous des têtes. Ils pourront revêtir
l'apparence de personnalités en vue. Chacun d'eux aura sa
voix propre variant d'intensité entre le ton naturel et l'artifice
le plus irritant. C'est par ce *ton théâtral nouveau* que nous
entendons souligner et même déceler des sentiments supplé-
mentaires et étrangers.

Le jeu des mouvements s'accordera ou s'opposera au texte
selon les intentions à mettre en valeur. Cette *pantomime nou-*
velle pourra s'accomplir en dehors du mouvement général de
l'action, le fuir, l'approcher, le rejoindre d'après la sévère
mécanique imposée à l'interprétation. Méthode qui n'a rien
de gratuitement artistique puisqu'elle est destinée à mettre en
évidence les actes manqués, les oublis, les distractions, etc., en
un mot toutes les trahisons de la personnalité, rendant ainsi
inutiles les chœurs, apartés, monologues, etc. (On voit ici un
exemple des objectivations inconscientes que nous nous réser-
vions de réaliser dans un paragraphe précédent.)

Accessoirement les moyens mêmes les plus grossiers seront
mis en œuvre pour frapper le spectateur. Fanfares, feux d'ar-
ifice, détonations, phares, etc.

Nous rechercherons dans le domaine isolable des sens
toutes les hallucinations susceptibles d'être objectivées. Tous

les moyens scientifiques utilisables sur une scène seront mis en œuvre pour donner l'équivalent des vertiges de la pensée ou des sens. Échos, reflets, apparitions, mannequins, glissades, coupures, douleurs, surprises, etc. C'est par ces moyens que nous comptons retrouver *la peur* et ses complices.

En outre, les drames seront entièrement sonorisés, y compris les entr'actes où des haut-parleurs entretiendront l'atmosphère du drame jusqu'à l'obsession.

La pièce ainsi réglée dans les détails et dans l'ensemble obéissant à un rythme choisi se déroulera à la manière d'un rouleau de musique perforé dans un piano mécanique, sans jeu entre les répliques, sans flottement dans les gestes et donnera à la salle *l'impression d'une fatalité et du déterminisme les plus précis.* De plus, la machine ainsi montée fonctionnera sans se soucier des réactions du public.

BIBLIOGRAPHIE SÉLECTIVE

I. L'ŒUVRE THÉÂTRALE DE ROGER VITRAC

Victor ou les enfants au pouvoir :

Éditions Robert Denoël, 1929.
Roger Vitrac, *Théâtre I*, Éditions Gallimard, collection Blanche, p. 7-90, 1946.
Revue *L'Avant-Scène*, n° 276, 15 nov. 1962, p. 9-28.
Éditions Gallimard, Le Manteau d'Arlequin (1970) ; nouvelle édition, 1983.

Autres pièces :

Éditions Gallimard (collection Blanche) :

Théâtre I (contient, outre *Victor ou les enfants au pouvoir*) : *Le Coup de Trafalgar*, *Le Camelot*, 1946.
Théâtre II : *Les Mystères de l'Amour*, *Les Demoiselles du large*, *Le Loup-garou*, 1948.
Théâtre III : *Le Peintre*, *Mademoiselle Piège*, *Entrée libre*, *Poison*, *L'Éphémère*, *La Bagarre*, *Médor*, 1964.
Théâtre IV : *La Croisière oubliée*, *Le Sabre de mon père*, *Le Condamné*, 1964.

Éditions Gallimard (Le Manteau d'Arlequin) :

Le Coup de Trafalgar, 1970.
Le Camelot, 1972.

II. AUTRES ŒUVRES DE ROGER VITRAC

Dés-Lyre (contient) : *Le Faune noir, Quatrains, Peau-Asie, Migraine, Prière à Saint-Pol Roux, Humoristiques, Cruautés de la nuit, La Lanterne noire, Consuella, Parisiana, Humorage à Picasso, Démarches d'un poème, Poèmes délirants, Notes*, présenté et annoté par Henri Béhar, Gallimard, collection Blanche, 1964.

Le Voyage oublié (contient) : *Le Jeune Homme, L'Alchimiste, Le Voyage oublié, Marius*, précédé de « Roger Vitrac et le Théâtre surréaliste » par Jean-Pierre Han, Rougerie, 1974.

Champ de bataille (articles parus dans des journaux de 1922 à 1925) précédé de « Une poétique de combat » par Jean-Pierre Han, Rougerie, 1975.

Re-tour de manivelle (articles publiés dans *L'Écran français* en 1946), précédé de « Roger Vitrac et le cinéma », par Jean-Pierre Han, Rougerie, 1976.

Le Destin change de chevaux, pièce inédite, précédée de « Roger Vitrac et l'expérience du Théâtre Alfred Jarry », par Jean-Pierre Han, Rougerie, 1980.

Lettres à Jean Puyaubert, édition d'Alain et Odette Virmaux, Rougerie, 1991.

L'Enlèvement des Sabines, préface de Jean-Pierre Han, Deyrolle, 1990.

Connaissance de la mort, préface de Jean-Pierre Han, Rougerie, 1992.

III. À PROPOS DE ROGER VITRAC

BÉHAR, Henri, *Roger Vitrac, un réprouvé du surréalisme*, Nizet, 1966.

BÉHAR, Henri, *Vitrac, théâtre ouvert sur le rêve*, L'Âge d'Homme, 1993.

IV. SUR *VICTOR OU LES ENFANTS AU POUVOIR*

BOUCHAUD, Jean, « Sous les oripeaux du boulevard », *Comédie-Française*, n° 112, 10 oct.-10 nov. 1982, p. 20-21.

DORT, Bernard, « *Victor ou les enfants au pouvoir*, drame bourgeois en trois actes de Roger Vitrac, au Théâtre de l'Ambigu », *Théâtre populaire*, n° 48, 4ᵉ trimestre 1962, p. 126-131.

GUIBERT, Noëlle, « Roger Vitrac, 1899-1952. En passant par le
surréalisme », *Comédie-Française*, n° 117, 10 mars-10 avril
1983, p. 19-23.

PIRET, Pierre, « *Victor ou les enfants au pouvoir* de Roger Vitrac :
une fiction créationniste », in *Le Mal dans l'imaginaire littéraire français (1850-1950)*, L'Harmattan, 1998.

ROY, Claude, « Les Enfants au pouvoir, enfin », *Nouvelle Revue
Française*, 1ᵉʳ décembre 1962, p. 1075-1083.

V. INFLUENCES LITTÉRAIRES DÉCISIVES

ARTAUD, Antonin, *Œuvres complètes II*, voir en particulier
« Théâtre Alfred Jarry », Gallimard, collection Blanche
(1961), 1980.

BRETON, André, *Manifeste du surréalisme* et *Second manifeste du
surréalisme*, Jean-Jacques Pauvert, 1962 ; Bibliothèque de la
Pléiade, *Œuvres complètes II*, 1988.

NOTES

Page 32.

1. Victor est le seul enfant, dans tout le répertoire, qui joue un rôle majeur. Les enfants n'apparaissent pratiquement jamais au théâtre. On ne peut guère citer que la petite Louison qui ne figure que dans une scène du *Malade imaginaire* (1673), quelques enfants dans le théâtre de Maeterlinck, qui ne font qu'une fugitive apparition — Tintagiles, dans *La Mort de Tintagiles* (1894), Allan, dans *La Princesse Maleine* (1890) — et Sept-Épées qui apparaît sous les traits d'une toute petite fille à la fin de la Troisième Journée du *Soulier de satin* (pièce publiée en 1928 et créée en 1943), et qui se tient immobile et muette au côté de Prouhèze. Dix ans ont passé lorsqu'elle revient sur scène lors de la Quatrième Journée où elle joue un véritable rôle dramatique, mais alors la fillette est devenue femme. Quant à Chérubin, dans *Le Mariage de Figaro* (1784), c'est déjà un adolescent. Beckett, dans sa première pièce, *Eleutheria* (composée en 1947 et publiée posthume en 1995), où il porte à la scène un jeune homme en complète rupture de ban avec sa famille, appellera lui aussi son héros Victor, se souvenant sans doute du mal-être du personnage de Vitrac.

2. Esther : Vitrac choisit sciemment un nom juif, comme en témoigne cette lettre du 12 mars 1930 à son ami Jean Puyaubert où, l'invitant à la conférence qu'il doit donner à la Sorbonne sur le Théâtre Alfred Jarry, il lui dit : « Je te convie donc à te recueillir en Ubu et même en Esther si, — comme je le souhaite de tout cœur — il te prenait pour quelque monnaie

de ne pas rester insensible au charme de l'adolescence israé-
lite » (in Roger Vitrac, *Lettres à Jean Puyaubert*, Rougerie, 1991).

Page 33.

1. La pièce est truffée d'allusions parodiques à la Bible. Le
ton est donné dès cette première réplique où Victor déforme
ironiquement le «Je vous salue, Marie» que Lili, indignée,
rectifie aussitôt.

Page 34.

1. Insistant sur le fait que sa mère «est bien bonne», Victor
laisse entendre, d'entrée de jeu, qu'il soupçonne les infidéli-
tés de son père.

Page 35.

1. Cet âge est sans pitié : Vitrac cite une expression de La
Fontaine, devenue proverbiale et à laquelle il redonne toute
sa force : «Mais un fripon d'enfant, cet âge est sans pitié, /
Prit sa fronde » («Les Deux Pigeons», *Fables*, IX, 2).
2. Trois fois cet âge : Lili a donc presque la trentaine.

Page 36.

1. Bon sang ne saurait mentir : Victor se moque ici du proverbe bien connu : «Bon sang ne peut mentir.»

Page 37.

1. Lucien Paradis : le nom du petit camarade de Victor fait
allusion au «vert paradis des amours enfantines», expression
devenue quasi proverbiale depuis le poème de Baudelaire
dans *Les Fleurs du mal* («Moesta et Errabunda», *Spleen et Idéal*,
LXII, v. 25).
2. Le 12 septembre n'est pas la Saint-Léonce mais la Saint-
Apollinaire. Vitrac masque, par jeu, l'allusion au poète à qui il
voue une très grande admiration. Le prénom de Thérèse est
sans doute une autre allusion aux *Mamelles de Tirésias*, pièce
d'Apollinaire créée en 1917, dans laquelle l'héroïne se pré-
nomme Thérèse.

Page 38.

1. Un gros coco de dada : allusion au dadaïsme, masquée

derrière le parler enfantin à travers lequel Victor, qui imite son père en train de lui expliquer la naissance, se moque du tabou de la sexualité dans la société bourgeoise de l'époque.

Page 40.

1. Le patriotisme en prend un sacré coup dans la bouche de Victor, à travers cette allusion, pleine d'insolence, aux brosses à dents familiales qui portent les couleurs du drapeau français.

Page 44.

1. « Tour du soir ! Rose de David ! » : Victor recourt, par dérision, aux litanies de la Vierge, ce qu'il explicite lui-même aussitôt après, en s'esclaffant : « Priez pour nous ! »

2. Victor utilise à nouveau une expression proverbiale : « Il n'y a plus d'enfants », qui signifie que les enfants commencent à avoir de la malice de très bonne heure.

Page 45.

1. Par ce mot de « première », Victor, en vrai farceur, annonce ses mauvais tours à venir. Vitrac est maître dans l'art de la farce, structure dramaturgique qu'il affectionne. Dans les autres pièces où il l'exploite, *Le Peintre, Le Coup de Trafalgar, Le Camelot*, c'est toujours un adulte, profondément antipathique, figure masculine à laquelle il prête certains des traits de son père, qui gruge les autres protagonistes par ses mauvais tours. En revanche si la perversité de Victor ne suscite pas l'antipathie des spectateurs, c'est parce qu'elle est une réponse à la souffrance enfantée par la mésentente familiale.

Page 50.

1. Enfin ! : pressentant l'adultère dont il ne détient pas encore les preuves, Victor témoigne beaucoup d'impatience à connaître l'histoire d'Esther car il suspecte qu'elle lui donnera une piste.

Page 53.

1. Réso, Carlo : on comprendra plus loin que ce sont les diminutifs que se donnent Thérèse et Charles dans l'intimité (cf. Acte II, scène 1)

CHARLES. — *Réso, réso, réso!*

THÉRÈSE. — *Carlo! quel bonheur! quel malheur!*

Quant à Friselis, le terme est fait sur frisettes. C'est le mot
que Charles prononce quand il caresse les cheveux de Thérèse, ce qui est explicité à la scène 8 de l'acte I par Victor qui,
imitant son père, chatouille les tempes de Thérèse en lui
disant : «Friselis.»

Page 54.

1. *Je l'ai laissé passer dans son appartement* : Vitrac cite ici
les mots que prononce Néron lorsqu'il raconte à Narcisse la
naissance de sa passion pour Junie (*Britannicus* II, 2, v. 398).
La voyant passer en pleurs près de lui, il fut tellement ébloui
par sa beauté que les mots ne sortirent pas de sa bouche.
Néron figure ici l'image du pervers qui détruit l'innocence de
la jeunesse, précipitant Junie dans un monde débauché dont
elle ignorait l'existence.

2. *Outarde* : échassier, au corps massif, à pattes fortes et à
long cou.

3. *Le paradisier*, oiseau de Nouvelle-Guinée, est appelé
aussi «oiseau de paradis». Son nom rappelle ici celui de
Lucien Paradis, le petit camarade de Victor dont il est question à la première scène de l'acte I.

4. *Raie bouclée* : le choix, par Vitrac, de cette catégorie de
raie lui est dicté sans doute par le désir de rappeler, avec le
qualificatif de «bouclée», le jeu amoureux raconté par Esther
à Victor, sous les mots de «Friselis».

Page 59.

1. *C'est la deuxième gifle, mais pas la dernière*. Esther en
recevra une troisième de sa mère à la scène suivante. Vitrac,
qui n'hésite pas à recourir aux procédés les plus éculés de la
vieille farce, redonne à la répétition une prodigieuse efficacité
scénique. La série des trois gifles retentissantes, que reçoit
Esther au fil de la pièce, révèle, par le biais du comique, la
haine que porte Thérèse à cette enfant qui la gêne dans ses
amours. Lili, à son tour, giflera Esther (II, 8) pour la ranimer,
lorsqu'elle s'est évanouie.

Page 64.

1. Qui souvent se porte, bien se connaît, qui bien se connaît, bien se pèse : derrière l'incohérence du propos, qui reflète la folie d'Antoine, il y a un clin d'œil à l'aphorisme de Breton, dans *Poisson soluble,* texte de 1924, où il est question, comme dans Victor, d'une «partie de paradis» : «Mon amie parlait par aphorismes tels que : "Qui souvent me baise mieux s'oublie" mais il n'était question que d'une partie de paradis, et, tandis que nous rejetions autour de nous des drapeaux qui allaient se poser aux fenêtres, nous abdiquions peu à peu toute insouciance, de sorte qu'au matin il ne resta de nous que cette chanson qui lapait un peu d'eau dans la nuit au centre de la place : "Un baiser est si vite oublié"» (Jean-Jacques Pauvert, 1962).

2. Si Antoine Magneau traite Galvani, qui est à l'origine de la découverte de l'électricité, de «dresseur de grenouilles», c'est que ce célèbre physicien et médecin italien du XVIIIe siècle mit en évidence, tout à fait par hasard, en disséquant des grenouilles, les phénomènes électriques. Antoine établit une ressemblance entre ce savant et Victor qui, par son comportement, va déclencher, entre les différents protagonistes, des phénomènes dont il ne soupçonne sans doute pas encore lui-même la force.

3. Il s'agit là du refrain d'une opérette célèbre d'Offenbach : *La Fille du tambour-major* (1879).

Page 68.

1. Vivent les neuf ans de Victor ! : phrase terriblement prémonitoire puisque Victor mourra au moment précis où il atteindra sa neuvième année.

Page 71.

1. Au dessert : c'est la seule ellipse temporelle dans cette pièce qui se déroule en temps réel.

Page 73.

1. La capitulation de Sedan, le 1er septembre 1870, signe la défaite de Napoléon III et provoque l'effondrement du second Empire. Pour le public de l'époque, Sedan est associé également à la Première Guerre mondiale, car ce fut l'une des pre-

mières villes occupées en 1914, l'une des dernières libérées, à la veille de l'armistice. Une connotation supplémentaire s'ajoute actuellement pour le public, puisque c'est aussi par la trouée de Sedan que les Allemands envahirent la France en mai 1940.

2. Faidherbe est cité ici par Antoine comme la figure du vainqueur, par opposition à la figure de traître que représente Bazaine. C'est lui qui commanda l'armée du Nord en 1870 et qui remporta la victoire. Il agrandit en outre la colonie française du Sénégal dont il fut gouverneur.

3. Ce palmier « qui produit des dattes tricolores » annonce le palmier du salon des Paumelle derrière lequel se cache Victor à l'acte II pour surprendre son père et Thérèse Magneau en flagrant délit d'adultère.

Page 75.

1. Quand Victor, par jeu, feint de décorer Antoine Magneau de la Légion d'honneur, il le caresse dans le sens du poil, tout en se moquant de ses idéaux militaires subdélirants. Sans pitié aucune, il espère à nouveau susciter l'irruption de son délire. Cette décoration, créée en 1802 par Napoléon Bonaparte pour récompenser les soldats méritants de la patrie, est, à l'origine, un insigne militaire.

2. Victor Richard de Laprade (1812-1883), poète fort oublié aujourd'hui, est l'auteur notamment des *Poèmes évangéliques* et du recueil *Odes et poèmes*

Page 76.

1. « You you you la baratte... » : chanson publiée isolément dans *Le Grand Jeu*, n° 2, printemps 1929, sous le titre « Chanson d'Esther ». Cette revue surréaliste, fondée en 1928 par Roger Gibert-Lecomte et René Daumal, n'eut que trois numéros.

Page 78.

1. Nouvel Hamlet, Victor, prenant à la lettre la consigne de jeu du Général, dirige avec brio une scène comparable à celle de « La Souricière » (pièce qu'Hamlet fait donner devant le roi et la reine afin de leur tendre le miroir de leur crime), après avoir soufflé à Esther son rôle. Ils vont jouer la dernière visite entre Charles et Thérèse que Victor veut prendre au piège

Page 79.

1. Ba... dinguet : Victor est sur le point de prononcer le mot de Bazaine, quand lui vient à l'esprit le nom de Badinguet. Ce surnom fut donné à Napoléon III, par dérision, en souvenir du nom du maçon qui l'aurait aidé à s'évader *incognito* en 1846 du fort de Ham, prison d'État, en lui prêtant ses vêtements (travestissement purement légendaire). Après la capitulation de Sedan, apparaissent des quantités de chansons où Badinguet est ridiculisé.

Page 80.

1. Antoine souligne la connotation sexuelle de la chanson d'Esther en la déclamant, tout en lutinant Émilie.

Page 82.

1. Le coup de l'étrier est le dernier que l'on boit avant de se séparer. Le terme prépare le « coup » que va faire Victor au Général en le montant comme un cheval.

Page 83.

1. Le boute-selle : sonnerie de trompettes qui ordonne aux cavaliers de « bouter » (placer) la selle sur le cheval pour démarrer.

Page 84.

1. La fourragère : ornement de l'uniforme militaire ayant la forme d'une cordelière qui est agrafée à l'épaulette et qui passe sous le bras droit. C'est un insigne accordé, pendant la Première Guerre mondiale, aux unités citées collectivement à l'ordre de l'armée. Victor s'en sert, avec beaucoup d'irrespect, comme de la bride d'un cheval.

Page 90.

1. « Aie pitié de moi en souvenir de ton père... » : c'est là un des passages les plus célèbres de *L'Iliade* (chant XXIV, v. 462-506), celui où Priam va trouver Achille, en le suppliant, pour lui demander le corps d'Hector afin de l'enterrer.

Page 96.

1. La carnine : alcaloïde de l'extrait de viande. C est un for-
tifiant.

Page 98.

1. La carmagnole : chant révolutionnaire très célèbre, dont
Esther entonne ici le refrain. On commença à la chanter
quand Louis XVI fut enfermé au Temple en 1792. Pendant la
Terreur, elle accompagnait les exécutions.

Page 99.

1. Mortemart : le nom évoque une vieille famille de la
haute noblesse, branche de la famille de Rochechouart, qui
reçut Mortemart, dans le Limousin, vers 1200 (d'abord mar-
quisat, puis duché, puis pairie). Mlle de Montespan apparte-
nait à cette illustre lignée.

Page 104.

1. Le célèbre pétomane de l'Eldorado, capable de contrô-
ler ses gaz intestinaux et de moduler la hauteur tonale de leur
émission, était un artiste de variétés, qui eut son heure de
gloire dans les années 1900. Il se produisait à Paris, à l'Eldorado, salle de spectacles située au boulevard de Strasbourg
(reconstruite depuis 1858), utilisée successivement comme
café-concert, puis comme salle de music-hall.

Page 106.

1. Il parle aux anges : parodie de l'expression stéréotypée « il
rit aux anges », employée à propos des bébés. Vitrac suggère
ainsi que les propos de Victor sont si énigmatiques que seuls les
anges pourraient les comprendre, l'ange en l'occurrence étant
ici l'ange de la mort, sous les traits d'Ida Mortemart.

Page 107.

1. Préférant se réfugier dans l'enfance, à l'inverse de Victor, Esther fuit Ida Mortemart comme si elle avait peur des
révélations funestes que celle-ci pourrait lui apporter.

Page 109.

1. À mon quatrième anniversaire : c'est-à-dire peu après la naissance d'Esther, qui a sans doute coïncidé avec les premières brouilles entre les parents de Victor. C'est donc lorsque cesse la paix de la petite enfance que Victor prend conscience du temps.

Page 112.

1. L'apparition d'Ida Mortemart provoque chez Esther un choc nerveux si violent qu'elle fait une crise de grande hystérie, telle que Charcot a pu les décrire, avec chute, automutilation, bave, etc.

Page 116.

1. La défaite de 1870 s'est soldée par la perte de l'Alsace et de la Lorraine et par leur rattachement à l'Allemagne. Le désir de reprendre ces deux provinces aux Allemands constitue l'une des causes de la Première Guerre mondiale. Le Général incarne ici l'esprit revanchard qui règne en France de 1870 à 1914.

2. Décanillons, terme argotique qui signifie : « décampons. »

Page 120.

1. L'explorateur américain Robert Edwin Peary (1856-1920) fut le premier à arriver au pôle Nord, le 6 avril 1909. L'année précédente, un autre explorateur américain, Frédéric-Albert Cook (1865-1940), avait déclaré avoir atteint le même endroit le 21 avril 1908, découverte qui fut contestée l'année suivante par Peary et jamais officiellement reconnue.

Page 121.

1. Ce sont les débuts de l'aviation. La même année, Louis Blériot accomplit la première traversée de la Manche en monoplan (le 25 juillet 1909). À travers ces allusions aux progrès techniques qui ont fait la une des journaux en 1909, c'est toute l'atmosphère du scientisme triomphant qu'évoque Vitrac. Audiberti, né la même année que Vitrac, la dépeint ainsi, confiant, en 1962, à un journaliste, les propos suivants : « (…) sensation difficile à faire comprendre aux gens d'aujourd'hui, les limites du monde moderne semblaient atteintes.

Autour de 1910, on ne doutait pas que l'humanité se situait enfin sur son ultime palier.

» Les paysans, les primitifs, les lointains sauvages ne pouvaient rien contre la gloire du Côte-d'Azur-rapide qui dépassait dans certains secteurs les 110 kilomètres-heure, ni contre les biplans de Latham ou de Blériot, ni contre les automobiles peu nombreuses mais qui, déjà, savaient emplir le passage du bruit de leurs trompes.

» L'Europe s'estimait bâtie pour toujours. (...) C'était vraiment le monde de l'électricité, de la vapeur, du téléphone, du moteur à explosion et du paquebot qui régnait pour toujours... »

Page 122.

1. Selon Henri Béhar, qui a consulté à la Bibliothèque nationale les numéros du *Matin* de septembre 1909, Vitrac a fidèlement recopié les articles du journal, se contentant de remplacer les mots de « rougeole » et de « rubéole » par « avarie » et « petite avarie ».

Vitrac recourt ici à la technique surréaliste de collage de fragments découpés dans des journaux que préconise Breton dès le premier *Manifeste du surréalisme* en 1924. : « Tout est bon pour obtenir de certaines associations la soudaineté désirable. Les papiers collés de Picasso et de Braque ont même valeur que l'introduction d'un lieu commun dans un développement littéraire du style le plus châtié. Il est même permis d'intituler POÈME ce qu'on obtient par l'assemblage aussi gratuit que possible (observons, si vous voulez, la syntaxe) de titres et de fragments de titres découpés dans les journaux » (Jean-Jacques Pauvert, 1962). Breton donne lui-même l'exemple, insérant à la suite de cette affirmation toute une série de phrases prises au hasard dans les journaux. Comme Breton, Vitrac conserve la typographie des journaux.

2. Francisco Ferrer (1859-1909) : anarchiste catalan condamné à mort et exécuté le 31 octobre 1909 malgré une violente campagne en sa faveur dans les capitales européennes.

Page 123.

1. En 1946, dans l'article publié dans *L'Écran français*, revue cinématographique à laquelle il collabore, Vitrac écrit : « Si

l'homme à son petit déjeuner éprouve, dès le matin, une sorte de volupté sadique à se repaître des crimes et des turpitudes du jour, comme le faisait remarquer Baudelaire, il demeure néanmoins indifférent devant le sang fraîchement séché. » De la même façon ici, Émilie Paumelle, totalement indifférente à l'arrestation de l'anarchiste Ferrer, comme à tout ce qui a trait à la politique, aimerait que son mari lui lise un récit de crime.

Page 124.

1. Henri le Roux, dit Hugues (1860-1925) : littérateur et publiciste très populaire, auteur de récits et d'impressions de voyages, ainsi que de souvenirs littéraires.

Page 125.

1. Ida, dada : nouvelle allusion au dadaïsme.

Page 126.

1. «Viens poupoule...» : chanson très populaire créée en novembre 1902 à l'Eldorado par Mayol, à partir d'un air de polka allemande avec les paroles d'Henri Christiné. Les soldats l'entonnaient dans les tranchées des deux camps pendant la guerre de 14-18. Elle est encore très célèbre en 1928.

Page 142.

1. Antoine Germain Labarraque (1777-1850), pharmacien français spécialisé dans l'étude du chlore et de ses applications dans l'antisepsie des plaies, créa une liqueur antiseptique qui porte son nom (eau de Labarraque).

Page 144.

1. Série de néologismes dont certains sont des déformations de mots existants : « grivette » au lieu de grisette, « poularic » au lieu de poule, « gruesaille » au lieu de grue.

Page 156.

1. Funeste . Thérèse ne croit pas si bien dire, puisque Antoine s'est déjà pendu.

Page 159.

1. Dolman : veste militaire à brandebourgs.

2. «Sambre-et-Meuse» : marche militaire célèbre composée en 1789 par Rauski, chef de musique militaire français, sur un air de Robert Planquette, encore chantée aujourd'hui dans les armées. Elle est un symbole de patriotisme. Le refrain est : « *Le régiment de Sambre-et-Meuse / Marchait toujours au cri de Liberté, / Cherchant la route glorieuse / Qui l'a conduit à l'immortalité.* »

3. Mandragore : plante qui a donné lieu à de multiples superstitions, à laquelle au Moyen Âge on attribuait des vertus aphrodisiaques, et que l'on cueillait souvent dans le voisinage des gibets. C'est pourquoi elle constitue ici le legs d'un pendu, c'est-à-dire d'un homme à qui la pendaison suscite une dernière érection.

4. À père cocu, fille adultérine : Victor parodie ici le proverbe bien connu : «À père avare, fils prodigue.»

Page 164.

1. «Le petit Mozart, avec son violon et son archet, étonnera longtemps les visiteurs de la galerie de sculpture du Luxembourg» : il s'agit sans doute du bronze de Barrias représentant Mozart enfant.

Page 171.

1. Voilà le sort des enfants obstinés : Vitrac termine sa pièce par une allusion ironique au finale d'une chanson populaire bien connue : «Sur l'Pont du Nord, un bal y est donné (bis). / Adèle demande à sa mère d'y aller (bis). / "Non, non, ma fille, tu n'iras pas danser!» (bis), etc.». Adèle et son frère, désobéissant à leur mère, vont danser sur le Pont du Nord qui finit par s'écrouler. Ils se noient et la chanson s'achève alors sur ces mots : «Voilà le sort des enfants obstinés! (bis)».

RÉSUMÉ

ACTE I : LES MAUVAIS TOURS DE VICTOR

Les Paumelle s'apprêtent à fêter les neuf ans de leur fils unique, Victor, enfant modèle, qu'ils couvent de leur fierté. Mais cet enfant, « terriblement intelligent », leur réserve bien des surprises. C'est lui qui mène le jeu pendant tout le premier acte. Juste avant l'arrivée des invités (sc. 1), dans un geste iconoclaste, il brise un précieux vase de Sèvres, sous le regard sidéré de la Bonne, Lili, tout en affirmant sa décision de devenir un homme. Il prend un malin plaisir à la terrifier, lui faisant croire qu'il va mettre sur son compte sa vilaine action. Tandis qu'elle sort en pleurs, il se remémore le songe qu'il a fait la nuit précédente, où il se voyait en compagnie de son oncle paternel et de son père (sc. 2). Après quoi (sc. 4), mentant avec aplomb, c'est sa petite camarade, Esther Magneau, la fille des invités, qu'il accuse de la bêtise qu'il vient de commettre, ce qui vaut à Esther une retentissante paire de gifles que lui administre sa mère, indignée. Il ira même jusqu'à l'accuser une seconde fois (sc. 5). Entre-temps (sc. 3), Victor, qui soupçonne son père d'être l'amant de Mme Magneau, a recueilli de la bouche de la naïve Esther les preuves qui lui manquaient. Perfidement, lorsque tous sont réunis, il laisse entendre à Thérèse Magneau et à son père, par des allusions claires pour eux, incompréhensibles pour les autres convives, qu'il est au courant de leur liaison (sc. 6). Nouvelle perfidie de Victor, lorsque arrive Antoine Magneau, dont Thérèse

vient de déplorer la folie. Connaissant par Esther les idées
fixes d'Antoine, il prononce les mots qu'il faut pour déclencher son accès délirant (sc. 7). Quand arrive enfin le dernier
invité, le général Lonségur, le repas commence (sc. 8). Tous
portent joyeusement un toast à Victor, qui déclame une poésie à laquelle nul ne comprend un traître mot, ce qui crée un
malaise général. La gêne croît de plus belle lorsque Antoine
Magneau, repris par son délire, se lève et plante brutalement
son couteau dans la table, tout en se déclarant cocu. Une fois
la crise passée, pour ramener la gaieté dans l'assistance, le
général, suivi par Antoine, propose aux deux enfants de jouer
« à papa et à maman », consigne que Victor, instruisant à voix
basse Esther, prend aussitôt à la lettre. Tous deux se mettent à
imiter la visite de Charles Paumelle à Thérèse Magneau,
qu'Esther a raconté à Victor. La vérité éclate dans cette scène
de théâtre dans le théâtre, orchestrée de main de maître par
Victor. Thérèse et Charles, effrayés, crient, comme crient,
dans *Hamlet*, Gertrude et Claudius, quand les comédiens leur
tendent le miroir de leur crime. Quant à Antoine Magneau, il
se met à lutiner Émilie Paumelle, montrant à Charles et à Thérèse qu'il n'est pas dupe, tandis qu'Émilie, outrée, fait semblant de ne rien comprendre, essayant jusqu'au bout de
sauver les apparences. Antoine s'effondre alors dans un fau-
teuil, complètement hébété. Revenu à lui, il s'excuse d'avoir
troublé la fête, et s'en va, laissant sa femme et Esther conti-
nuer la soirée, déclarant qu'il ne se sent pas bien. Le général
fait une dernière tentative pour ramener la liesse, disant à Victor qu'il est prêt à faire tout ce qui lui fera plaisir. Victor lui
demande alors de jouer « à dada ». L'acte se termine sur le
spectacle burlesque de Victor qui, triomphant, s'assied à cali-
fourchon sur le dos du général à quatre pattes (sc. 9).

ACTE II : QUAND L'ADULTÈRE EST DÉCOUVERT...

Thérèse et Charles, qui se sont réfugiés dans le salon (sc. 1),
sont consternés, car ils se rendent compte que les enfants les
ont trahis, et qu'ils ne peuvent plus désormais cacher leur liaison. Victor, qui les épie (sc. 2), apprend qu'Esther n'est pas la
fille d'Antoine, mais de son propre père Bouleversé par cette
révélation, il sort comme un diable de sa cachette, surprenant

le couple enlacé, ce qui lui vaut, comme à Esther au premier acte, une bonne paire de gifles que lui donne son père. C'est au tour d'Esther de faire irruption, à qui Victor, prémonitoire, annonce que « c'est fini de rire » (sc. 3). Toute l'assemblée finit par se retrouver dans le salon où l'atmosphère est de plus en plus tendue (sc. 4). Chacun est au supplice, sauf Victor qui jouit de la réussite des tours qu'il a machinés. Seul un miracle pourrait ramener le calme. Celui-ci se produit avec l'arrivée, totalement fortuite, dont Vitrac souligne l'invraisemblance, de la pétomane, Ida Mortemart, une amie d'enfance d'Émilie Paumelle, perdue de vue depuis longtemps (sc. 5). Comme son infirmité peu commune fait diversion, toute l'assistance essaie de retenir Ida qui s'assied et prend Victor sur ses genoux. Esther, épouvantée par « la femme qui pue », part en courant dans le jardin où tous la suivent de peur qu'elle ne se noie dans le bassin. Victor, qui se retrouve seul avec Ida (sc. 6), lui demande de lui révéler les secrets de l'amour. Des cris interrompent leur tête-à-tête. Ida s'en va tandis que Charles ramène dans ses bras la malheureuse Esther inanimée, que l'on a retrouvée dans le coffre à charbon où elle était tombée, prise d'une crise convulsive. Alors qu'on vient juste de ranimer, avec deux nouvelles claques, Esther que Victor, pendant quelques instants, a cru morte (sc. 7 et 8), Antoine reparaît (sc. 9), menaçant de tuer Charles qui le cocufie. Tous redoutent le pire, lorsque Antoine déclare, satisfait de l'effet produit par la comédie qu'il vient de jouer, que ce n'était qu'une plaisanterie, et part, emmenant sa femme et sa fille. Les Paumelle se retrouvent seuls (sc. 10 et 11). Il est temps de régler les comptes. Malgré l'insistance d'Émilie, Charles remet toutefois les explications au lendemain, envoie Victor au lit et se réfugie derrière son journal.

ACTE III : « C'EST UN DRAME »

L'acte III s'ouvre sur une scène de ménage entre M. et Mme Paumelle qui sont passés dans leur chambre à coucher (sc. 1). Après que Charles a tenté une vaine réconciliation et qu'il s'est mis à raboter bruyamment le lit conjugal (aussi mal en point que le couple !), Émilie essaie de le tuer d'un coup de marteau. Alors qu'ils ont fini par se coucher, Lili fait irruption, un bougeoir à la main et se fait renvoyer sans ménagement (sc. 2). Ils essaient à nouveau de se coucher sans parvenir toutefois à dormir (sc. 3), pas plus que Victor qui fait irruption (sc. 4), se plaignant d'avoir mal au ventre et leur reprochant de faire trop de bruit. Il leur avoue sa peur, chaque fois qu'il les entend, le soir, déplacer les meubles, à l'idée qu'ils puissent se tuer avec le revolver placé à côté du pot de chambre. C'est au tour de Charles, angoissé par les propos de son fils, de menacer de mort sa femme avec un pistolet qu'il jette aussitôt après par la fenêtre (sc. 5). Victor entre une deuxième fois dans la chambre, de façon intempestive, pour se plaindre à nouveau, provoquant la colère de son père excédé, qui le renvoie au lit avec une fessée et se met à raconter à sa femme ses amours avec Thérèse. Mais Victor ne lâche pas prise et revient une troisième fois (sc. 6), en proclamant qu'il est le fils de Charles, pour affirmer ainsi son identité que la révélation de sa parenté avec Esther a cruellement ébranlée. Émilie a bien du mal à convaincre Victor de retourner se coucher (sc. 7). Arrive, sur ces entrefaites, Mme Magneau (sc. 9 et 10), affolée, à la recherche d'Esther qui s'est enfuie, en pleine nuit, pour rejoindre Victor. Elle annonce aux Paumelle qu'Antoine, repris par sa folie, vient de la chasser. Lorsque les Paumelle lui assurent qu'Esther n'est pas chez eux, elle perd la raison, allant jusqu'à les accuser de vouloir tuer sa fille. La Bonne vient annoncer qu'il y a tant de vacarme que toute la maison est aux fenêtres (sc. 11). Pour faire taire les voisins, elle crie que « Madame accouche » (sc. 12). C'est alors qu'Esther, qui avait réussi, dans la confusion générale, à se glisser subrepticement dans la chambre de Victor (sc. 8), surgit aux côtés de Victor (sc. 13), au soulagement de tous. Voyant là un signe de la providence, Émilie exige une réconciliation générale, chacun des deux coupables jurant, devant les enfants, fidélité. Mais la joie tourne court, avec l'arrivée de Maria, la bonne des Magneau qui vient rendre son tablier (sc. 14). Elle apporte une lettre d'adieu d'Antoine qui s'est pendu et qui déclare avoir toujours su qu'Esther n'était pas de lui mais de Charles (sc. 15). À cette nouvelle, Victor sort, en se tordant de douleur. On l'entend pousser un cri déchirant (sc. 16). Émilie le ramène dans ses bras, évanoui, et envoie Charles chercher le docteur (sc. 17). Comme l'enfant ne bouge ni ne répond (sc 18), elle le gifle, pour le ranimer, craignant qu'il ne soit mort. Il revient à lui pour lui annoncer qu'il va mourir, qu'il vient de trouver le secret de « l'Uniquat » qu'il cherche depuis l'âge de six ans. Quand Charles est de retour avec le docteur (sc. 19), il tente de se tirer un coup de revolver, geste qu'arrête Émilie et que prévient Victor, sans pourtant voir son père, dans une sorte d'intuition que lui confère la proximité de la mort. Tandis que le docteur ne peut diagnostiquer rien d'autre qu'une forte fièvre (sc. 20), Victor déclare à ses parents, agenouillés aux pieds de son lit, qu'il « meurt de la Mort ». Un rideau noir tombe au moment où il trépasse, en même temps que retentissent deux coups de feu. Lorsque le rideau se relève, on découvre les deux corps d'Émilie et de Charles étendus aux pieds du lit, séparés par le revolver fumant, tandis que la Bonne, alertée par le bruit, entre pour constater « le drame ».

COLLECTION FOLIO THÉÂTRE

Composition Interligne.
Impression Bussière
à Saint-Amand (Cher), le 20 avril 2007.
Dépôt légal : avril 2007.
1ᵉʳ dépôt légal dans la collection : février 2000.
Numéro d'imprimeur : 071569/1.
ISBN 978-2-07-040677-7./Imprimé en France.